# Die magische Reise des
# Rauhnächte-Raben Trix

Verlagsgruppe Random House FSC° N001967

1. Auflage
© 2021 by Irisiana Verlag, einem Unternehmen der Penguin Random House Verlagsgruppe GmbH, Neumarkter Straße 28, 81673 München
Illustrationen: Ingrid Pape
Projektleitung: Sven Beier
Satz: Buch-Werkstatt GmbH, Bad Aibling
Umschlaggestaltung: Geviert, Grafik & Typografie
Umschlagmotiv: © Ingrid Pape
Druck und Bindung: PBtisk, a.s., Pribram
Printed in the Czech Republik
ISBN: 978-3-424-15418-4

Vera Griebert-Schröder
Franziska Muri

# Die magische Reise des

# Rauhnächte-
## Raben Trix

Wie wir Zuversicht, inneren Wandel
und Kraft für das Neue finden

*Mit Illustrationen von Ingrid Pape*

IRISIANA

# Inhalt

Die Welt war zunehmend eckig geworden. Kastenförmig. Rechtwinklig. Und laut. Sehr laut. Wo seit Rabengedenken Wald gestanden hatte, durchsetzt von ein paar Lichtungen und weiten wilden Wiesen voller saftiger Kräuter und leuchtend bunter Blumen, da war jetzt kaum noch ein Grashalm zu finden. Kaum ein Baum. Kaum ein Tier. Und kein Sternenschein. Keine Stille.

Große Häuser standen überall, Autos fuhren über Straßen, und Menschen liefen hin und her. Hastig, eilig. Immer weiter war die Stadt über ihre Ufer getreten, immer weiter fraß sie sich in die Natur hinein. Und damit in die Welt von Trix.

»Alles verändert sich. Wie soll einem da nicht Angst werden?«

Der junge Rabe murmelte vor sich hin, während er zu der großen Baustelle hinüberschaute, auf der gerade ein Laster krachend einige Betonteile abwarf. Vor wenigen Tagen hatten dort noch seine liebsten Walnussbäume gestanden, es hatte Büsche gegeben, in denen im Frühling die Vögel nisteten, und eine hügelige Wiese, über die sich trefflich spazieren ließ. Es war sein Zuhause, das da so

plötzlich verschwand, als wäre es nie
da gewesen. Wieder ein Stück mehr
von seiner Heimat war der Stadt zum
Opfer gefallen. Dem Eckigen, Lauten.

Gerade mal zwei der großen
kraftvollen Bäume hatten sie stehen lassen. Trix schwang sich ein
paar Meter hoch in die Luft, segelte vorsichtig hinüber auf einen ihrer
ausladenden Äste zu, doch da warf
ein riesiger Bagger seinen dröhnen-
den Motor an. Trix drehte ab und brachte sich auf einem der gegenüberliegenden
Hausdächer in Sicherheit.

Er atmete durch und versuchte, sich
selbst Mut zu machen. Ja, auch auf Dä-
chern konnte man sitzen. Ganz gut sogar. Die höchsten
von ihnen boten eine weite Aussicht. Vielleicht ging es ja
einfach darum, sich mit der neuen Situation zu arrangieren und das Beste daraus zu machen. Trine, seine Freundin, sagte das seit Langem. Seit die eckige Welt in ihre
Lebenswelt einzudringen begann. Na gut, um ehrlich zu
sein, sagte sie es, seit Tom hier aufgetaucht war. Aus dem
Zentrum der großen Stadt hatte es ihn hier zu ihnen hin-
ausgespült, und seitdem erklärte er ihnen, was sie seiner
Meinung nach wissen mussten.

»Ihr könnt froh sein, dass ihr es hier noch so ruhig habt. In der Stadt drinnen, ich sage euch, dort ist es total krass. Kein Auge tut man da zu. Und trotzdem habe ich es auch dort geschafft. Ich bin einfach ganz cool geblieben.«

Trine hatte ihm eifrig zugestimmt: »Ja, Tom hat es geschafft. Er ist einfach großartig. Wir sollten von ihm lernen.«

»So ist es.« Tom sonnte sich in Trines Bewunderung. »Ihr müsst genauso lernen, mit der Zeit zu gehen. Passt euch an. Arrangiert euch. Macht das Beste draus! Holt die zähesten Qualitäten aus euch heraus!«

Alle hatten ehrfürchtig gelauscht, viele hatten genickt. Doch Trix hatten die Worte geärgert. Dieser belehrende Ton. Diese Forderungen. Und, ja natürlich, dass Trine nur noch Augen und Ohren für Tom hatte. Außerdem: Er wollte diese eckige Welt nicht. Er wollte nicht dort leben. Nein! Er wollte ein Rabe sein, der in seiner Rabenwelt lebt. Und die war geschwungen, saftig, voller Moos und voller Weite, voller Düfte und durchwoben von vielfältigstem Leben, in dem überall Abenteuer und Freude auf ihn warteten. Dort gehörte er hin. Dort wollte er sein.

Und »mit der Zeit gehen«. Was sollte das überhaupt heißen? Er ging sehr wohl mit der Zeit, mit Frühling und Sommer, mit Herbst und Winter. Mit Tag und Nacht, mit Wachsen und Vergehen. War das jetzt falsch? Von heute auf morgen? Hieß »mit der Zeit gehen« plötzlich, dass man von Hausdach zu Hausdach flog, ständig Autos ausweichen und vor Hunden auf der Hut sein musste? Dass man immer lauter rufen musste, um überhaupt noch von den anderen gehört zu werden?

Trix ließ die Flügel hängen. Es war ja nicht so, dass er es nicht versucht hatte. Er hatte sich wirklich bemüht. Er war ja nicht doof. Auch er konnte sich an seinen Flügelfedern abzählen, dass diese Häuser und Straßen immer weiter in seine Rabenwelt vordringen würden. Sollte er immer weiter fliehen? Immer weiter ein Nischendasein führen? Bald nur noch versteckt im letzten Winkel seines Waldes hausen, bevor auch der den lärmenden Maschinen zum Opfer fiel? Ja, er musste sich wohl arrangieren. Wochenlang war er absichtlich überwiegend in der eckigen Welt geblieben, um sich daran zu gewöhnen. Um das Gute darin zu entdecken. Um … mit der Zeit zu gehen.

»Es macht mir aber keine Freude!«, jammerte er. Alles war so trüb. Und so schmerzhaft. Diesen Bauarbeiten zuzusehen, wieder ein paar seiner Bäume verloren zu haben … und vor allem: so allein zu sein. Keiner seiner Freunde schien ihn zu verstehen. Und Trine, ach, die war wahrscheinlich in Tom verliebt.

»Dieser Alleswisser, dieser eckige!«, schimpfte Trix. Die ganze Gruppe hatte er gespalten. Immer öfter war es in den letzten Wochen zu Streit gekommen. Denn auch ein paar anderen war nicht wohl dabei, sich mit dieser neuen Welt zu arrangieren, die so gar nicht rabengerecht zu sein schien.

Diskutiert hatten sie, stundenlange Debatten geführt, Argumente hin- und hergeworfen und auch so manches Mal vergessen, dass sie doch Freunde waren, eine Gemeinschaft. Trubi hatte ihm einmal sogar verächtlich zugerufen: »Du ewig Gestriger! Verträumter Waldschrat, wach auf!«

Das hatte wehgetan. Trix hatte darauf gar nichts antworten können. Ewig gestrig! Nur weil er seinen Wald liebte, das beschauliche Leben dort, das Spiel all der Stimmen um ihn herum in der Natur, die Kraft des Lebendigen dort? Ewig gestrig! Dabei war er doch noch so jung.

Was hätte er Trubi entgegnen sollen? Anfangs hatte doch auch er betont, dass sie nicht einfach so ihre Liebe zu ihrem ureigentlichen Leben aufgeben könnten. Und

dann … hatte Tom ihn ein-
gewickelt. Und nun teil-
te er sogar gegen Trix aus.
Der Tonfall war seit Wo-
chen immer rauer gewor-
den. Und auch der Lärm
der Autos, die Stimmen
der Menschen, das Bellen
der Hunde, all das setzte
Trix' Nerven zu. Er spürte
keine Kraft mehr. Was sollte
nur werden?

Und dann kam der Tag, als
Trix eine Entscheidung traf.
Die ersten Schneeflocken waren
gerade gefallen, er saß auf einem
der verbliebenen Walnussbäume und war
ganz in seine Gedanken versunken. In
trübe Gedanken. Da landete mit einem
Mal Trine neben ihm auf seinem Ast. Im
Schnabel trug sie ein gammlig braunes Etwas, das sie sich
in die rechte Kralle klemmte, um mit Trix reden zu können. Sie hob das Bein.

»Schau, was ich gefunden habe!«, rief sie in stolzer
Freude.

Trix schaute halbherzig hin.

»Siehst du, wir werden auch hier nicht verhungern. Das ist ein Apfel.«

»Das war mal ein Apfel«, knurrte Trix. Unfreundlicher, als er es wollte. »Jetzt ist es ein angebissener, fast aufgegessener Rest von einem Apfel. Alt und wenig appetitlich.«

»Immer meckerst du nur rum!«, fuhr ihn Trine enttäuscht an. »Ich esse jetzt!« Sie drehte sich demonstrativ weg und pickte energisch in ihren Apfelbutzen.

Trix holte tief Luft. Er spürte plötzlich, dass er etwas tun musste. Also mehr, als nur vor sich hinzugrübeln. »Weißt du was? Ich fliege von hier weg. Ich will nicht so leben. Ich will dort leben, wo ich mir Äpfel vom Baum holen kann und nicht aus dem Mülleimer. Ich will sie frisch und rund.«

»Im Winter?«, fragte Trine demonstrativ schmatzend.

»So lang es eben geht. Und im Winter haben wir immer auch genug zu essen gefunden, bevor die eckige Welt hierherkam.« Er hielt kurz inne, um seinen weiteren Worten das nötige Gewicht zu verleihen. Schließlich war dies ein Abschied. Und niemand wusste, für wie lang. »Ich möchte nicht im Streit gehen, doch ich werde gehen.«

Trix spürte, dass sein Herz schwer war.

Trine sah ihn an. Beide waren für einen Augenblick still. Die Zeit schien stehen zu bleiben, während sie einander in die Augen sahen, und beinahe war es so wie früher. Dann zerriss das Hupen eines Autos die Magie des

Augenblicks. Trix schreckte zusammen und erhob sich sofort in die Lüfte. Trotzig, entschlossen, unwiderruflich. Ohne sich noch einmal umzusehen, flog er davon. Heraus aus der eckigen Welt und hinein in den ganz leicht verschneiten Wald. In seine Rabenwelt. Mochte sie immer kleiner werden, es war seine Welt. Und wer weiß, ob sie nicht irgendwo noch Tiefen hatte, die er gar nicht kannte. Nur weg von Trine und Tom, von Autos und Häusern. Von Huplärm und angegammelten Apfelresten. Nur weg, dachte er, während er flog und flog.

Den Wald unter sich zu sehen, tat ihm gut. Nur noch Weite und Natur. Lebendigkeit. Erschöpft ließ sich Trix irgendwann im duftenden Grün einer großen Tanne nieder.

Da saß er nun. Allein. Ratlos. Traurig.

Und jetzt?

# Die Hoffnung der Wintersonnwende

»Pass auf, dass du nicht vom Baum tropfst mit all deinem Kummer, Krrraah.«

Trix schrak hoch. Was war das für eine Stimme?

Schon hörte er sie erneut: »Na, du Unglücksrabe. Wo drückt der Schuh?«

Wer sprach da?

Trix sah sich um und traute seinen Augen kaum. Vom gegenüberliegenden Baum, einer mächtigen Buche, hing an zwei langen Seilen eine Schaukel herab. Und darauf saß, vergnügt zu ihm herüberblinzelnd, eine Rabin. Sie schaukelte gemütlich ein, zwei Meter vor und zurück und hob ein wenig eine Flügelspitze, um Trix zu grüßen.

Der konnte erst einmal gar nichts tun oder sagen. Er schaute nur wie gebannt zu ihr hinüber. Alt war diese Rabin. Ihr Gefieder war schon etwas struppig und grau geworden, doch zugleich lag ein ganz eigentümlicher Schimmer darauf.

»Bist du stumm?«, fragte sie.

Trix schreckte erneut auf, diesmal nur leicht, ruckelte sich auf seinem Ast zurecht und sagte mit leicht belegter Stimme: »Guten Tag. Ich bin Trix. Und wer bist du?«

»Hallo, Trix«, antwortete die alte Rabin und sah ihm direkt in die Augen. Weich war ihr Blick und offen. Es lag eine Einladung in ihrem ganzen Ausdruck, der etwas in Trix zum Schmelzen brachte.

»Was machst du hier? Du siehst mir sehr traurig aus. Was betrübt dich?«, fragte sie.

Trix spürte, wie ihm die Tränen kamen, und er hätte sich am liebsten sofort in die Arme dieser alten Rabin geworfen. Das konnte er doch aber nicht machen!

Er schloss die Augen und fasste sich. Als er sie vorsichtig wieder öffnete, schaute die Alte immer noch einladend zu ihm. Also fing er einfach an, ihr alles zu erzählen. Von der hügeligen Wiese und den Walnussbäumen, von der eckigen Welt, die immer näher kam, von großen Häusern und gewaltigen Maschinen, von Trine und Trubi, von Tom und vom Streit, den es immer öfter gegeben hatte. Davon, dass es ihn so unendlich traurig machte, in der eckigen Welt zu sein, im Lärm der Straßen und im Gestank des Mülls, in dem sie jetzt plötzlich ihre Nahrung suchten.

»Ich vermisse meine alte Welt so sehr!«, schluchzte Trix. »Die war schön. Warum gibt es davon kaum noch etwas? Alles ist weg. Alles verloren! Ich hab ja nicht einmal mehr Freunde.«

Er wurde energischer und ließ die Worte ungehemmt heraussprudeln. »Ausgelacht haben sie mich, als ich sagte, dass ich mich dieser ganzen eckigen Veränderung nicht anpassen möchte. Alle haben sie gelacht. Tom am allermeisten. Dieser Wichtigtuer! Und Trine hat gegrinst. Das hat so wehgetan!«

Wieder kamen Trix die Tränen, und er ließ sie einfach laufen. Schon so lange hatten sie sich aufgestaut.

Die alte Rabin hatte ihn die ganze Zeit über ruhig angesehen. Sie ließ ihn sprechen, ließ ihn weinen und schaukelte einfach nur ein bisschen weniger.

»Ich habe Angst«, brachte Trix schließlich hervor. »Wie soll das denn weitergehen? Ich habe alles verloren. Ich habe keinen Ort mehr zum Leben, keine Freundin, keine Freunde, keine Zukunft, nichts ist mehr sicher. Ich bin müde und erschöpft. Und überhaupt, ich weiß einfach nicht mehr, was richtig ist.« Er weinte nun hemmungslos. »Alles ist so schrecklich!«

»Da hast du wirklich Glück«, sagte mit einem Mal die alte Rabin.

Trix verstummte in seinem Schluchzen und schaute zu ihr hinüber. Hatte er sich verhört?

Die Rabin lächelte.

»Willst du mich verspotten?«, fragte Trix mit weit aufgerissenen Augen und wollte schon wieder beginnen zu weinen.

»Aber nein«, beteuerte die Rabin. »Du hast wirklich Glück, denn heute ist ein ganz besonderer Tag.«

Sie sagte das so ruhig und so überzeugend, dass Trix mehr darüber wissen wollte. Unbedingt. Er setzte sich aufrecht hin und blickte zu diesem eigentümlichen alten Vogel auf seiner Schaukel hinüber.

»Heute ist ein ganz besonderer Tag«, wiederhole die alte Rabin. »Ein Tag, der seit Jahrtausenden feierlich begangen wird. Denn er ist von kosmischer Bedeutung.«

Trix atmete kaum, so gespannt hörte er zu.

»Denn heute ist der 21. Dezember. Und das ist der Tag der Wintersonnwende. Du hast ja sicher schon beobachtet, dass die Sonne zu bestimmten Zeiten im Jahr mal höher steht und mal niedriger. Und dass die Tage mal länger sind als die Nächte und dann wieder umgekehrt. Oder?«

Trix nickte eifrig. »Ja, ja, das ist so. Und zurzeit sind die Tage sehr kurz und die dunklen Nächte furchtbar lang.«

Er sah aus, als würde er gleich wieder zu weinen anfangen. Daher beeilte sich die Rabin, weiterzusprechen.

»Genau das hat jetzt ein Ende«, verkündete sie feierlich. »Denn heute wendet sich das Blatt. Es ist der dunkelste Tag des Jahres, dunkler wird's nicht. Ab morgen wird es jeden Tag wieder etwas heller. Die Tage werden länger, die Sonne steigt höher in den Himmel hinauf.«

Trix strahlte sie an. »Echt? Ab morgen ist es wieder hell?«

»Nur Geduld, mein Freund. So schnell geht es nicht. Das würde ja nur Chaos in die Welten bringen. Ganz langsam wird es wieder heller. So wie es ja auch langsam immer dunkler geworden ist. Doch die Wende, die ist heute. Ab morgen wird es wieder heller. Man wird es noch eine ganze Zeit lang nicht bemerken, aber es ist unumkehrbar so.«

Trix dachte einen Moment lang nach.

»Und dann wird es mir ab morgen auch unumkehrbar wieder besser gehen, richtig?«, fragte er voller Begeisterung. »Der Lärm wird weniger, das Eckige wird wieder rund. Jeden Tag ein bisschen mehr. Tom wird einfach abhauen. Und meine Freunde müssen sich bei mir entschuldigen.«

»Oh, mein Lieber«, stoppte ihn die alte Rabin in seinem Jubel. »Ganz so einfach ist es nicht. Aber jetzt lass nicht gleich wieder die Flügel hängen. Das Beste habe ich dir ja noch gar nicht gesagt.«

Trix schüttelte sein Gefieder. War das alles aufregend!

»Also«, sprach die Rabin weiter. »Die heutige Wintersonnwende ist der Auftakt für eine Zeit, die gar nicht zur eigentlichen, zur normalen Zeit dazugehört. Jetzt dauert es noch drei Tage, und dann beginnen um Mitternacht nach dem Heiligen Abend zwölf magische Nächte. Man nennt sie die Rauhnächte.«

»Die Rauhnächte«, echote Trix im Flüsterton.

»Genau. Es sind zwölf Tage und Nächte, die aus der Zeit gefallen sind, aus dem Normalen, dem Alltäglichen. Es ist eine magische Zeit, in der sich die Schleier zwischen den Welten heben und Zauber möglich wird.«

»Zwischen den Welten? Gibt es denn noch mehr als den Wald, die Wiesen und die eckige Welt?« Trix war wie gebannt.

»Oh ja«, antwortete die Rabin und hielt mit einem versonnenen Lächeln einen Moment lang inne. »Es gibt noch viel mehr Welten. Und die Rauhnächte sind die Zeit, in der du sie am allerbesten kennenlernen kannst. Vor allem aber kannst du diese Zeit nutzen, um einen echten Wandel einzuläuten. Du gehst mit all deiner Last in diese Zeit hinein, mit deiner Traurigkeit, deiner Wut, deiner Angst, deiner Ratlosigkeit – und du lässt zu, dass sich etwas wandelt.«

»Wie soll ich das denn machen?«, fragte Trix etwas kleinlaut und schickte mit einem vorsichtig fragenden Blick hinterher: »Mir wäre es lieber, mir könnte jemand diese Last einfach abnehmen, sie einfach wegzaubern. Das wäre doch toll, oder?«

»Hmm«, machte die Rabin. »So jemanden kenne ich leider nicht. Und kannst du dir denn sicher sein, dass es das Allerbeste für dich wäre, wenn diese Last plötzlich weggezaubert wäre?«

Trix dachte nach.

»Schön wär's schon«, sagte der dann. »Aber, hm, irgendwie … ich weiß nicht so recht. Die Welt müsste ja dann eine ganz andere sein. Alle anderen müssten auch verzaubert werden. Oder ich müsste ganz anders sein, aber dann wäre ich ja gar kein Trix mehr.«

Verwirrt schaute er zur Rabin hinüber. »Aber ich möchte wirklich, dass es sich nicht mehr so schwer anfühlt.«

»Das ist die allerbeste Startposition«, gratulierte sie. »Was hältst du davon, wenn du damit in die Rauhnächte hineingehst und schaust, was passiert?«

»Das ist alles?«, fragte Trix ungläubig.

»Das ist schon sehr viel. Es ist deine Absicht – und wie du dich ausrichtest, das bestimmt alles Weitere.«

Trix straffte seinen Körper, setzte sich ganz aufrecht hin und wiederholte: »Meine Absicht. Ja, ich will, dass sich alles wieder leicht und freudig anfühlt.«

»Du bist ein kluger, kleiner Rabe, Trix. Mit so einer positiven Absicht kannst du nun offen sein und erleben, was dir die Rauhnächte bringen. Nimm dir einfach jeden Tag ein bisschen Zeit, bleib bei deiner Absicht, sei offen und schau, was dir begegnet.«

»Muss ich dafür in die eckige Welt zurückgehen?«, fragte er etwas bang.

»Du kannst sein, wo du willst. Wenn du hier in der Natur bleiben willst, ist das sicher gut. Manchmal müssen wir einfach raus aus dem Alltagsumfeld, was Neues machen, was Ungewohntes. Das bringt Bewegung in alles. Und zwar eine, die wir selber anstoßen, keine, die uns nur so widerfährt.«

Es war dämmrig geworden. Trix, der still und nachdenklich dasaß, stellte der Rabin eine letzte Frage: »Darf ich dir denn immer erzählen, was ich während der Rauhnächte erlebe?«

Sie überlegte. »Du kannst es jeden Abend aufschreiben und hier am Baum unter einen Stein legen. Wenn ich in der Nähe bin, freue ich mich, es zu lesen. So, mein lieber Trix, es war mir eine Freude, dich kennenzulernen. Ich ziehe jetzt weiter und wünsche dir, dass dich der Zauber der Rauhnächte aufs Allerschönste erreicht. Adieu!«

Die alte Rabin erhob sich von ihrer Schaukel, winkte ihm mit der Flügelspitze noch einmal zu und flog lautlos davon. Trix blieb mit einem leisen Gefühl von Zuversicht in seinem jungen Rabenherzen zurück.

# Die Stille der
# ersten Rauhnacht

Die nächsten Tage verbrachte Trix damit, im Wald umherzustreifen, die Frische der Luft einzusaugen und die Ruhe der Natur zu bewundern. Oft saß er auf der Schaukel der alten Rabin und träumte vor sich hin. Meist rutschte er dabei zurück in seine sorgenvollen Gedanken. Er sah Trine vor sich und wie schön sie es gehabt hatten – und schnell quetschten sich Bilder von großen Maschinen, umbrechenden Bäumen und von Tom in seiner Angeberpose dazwischen. Trix wurde wieder ganz schwer ums Herz, und er sackte in sich zusammen.

Würde dieser Kummer denn jemals verschwinden?

Dann aber sah er die listig funkelnden Augen der alten Rabin vor sich und schüttelte sein Gefieder, um die lästige Schwermut loszuwerden. Er würde sich jetzt ganz auf das konzentrieren, was vor ihm lag: die magischen Rauhnächte, von denen die Alte gesprochen hatte. Sie würden seine Welt wieder in Ordnung bringen. Wie auch immer sie das machten.

Am späten Abend des 24. Dezember wusste Trix, dass es nun gleich so weit sein würde. Um Mitternacht würden die Rauhnächte beginnen. Endlich. Er saß auf einer hohen Tanne im Geäst und schaute hinaus auf eine große Wiese. Irgendwo in der Ferne waren die Lichter eines Dorfes zu erahnen. Der junge Rabe trat auf seinem Ast unruhig von einem Fuß auf den anderen. Leise vor sich hin murmelnd wiederholte er, was ihm für diese kommende, diese heilige Zeit wichtig war: »Ich möchte wissen, was ich tun soll. Wo soll ich leben? Und wie möchte ich leben? Darüber möchte ich Klarheit bekommen.«

Trix überlegte. »Ich möchte mehr Leichtigkeit erleben. Und ich möchte neue Freunde finden … Na ja, eigentlich möchte ich lieber meine alten Freunde wiederhaben. Und vielleicht noch ein paar neue dazu. Ich möchte in Leichtigkeit durch den Himmel fliegen und glücklich sein … Hm, ich hoffe, das ist nicht zu viel verlangt für einen kleinen Raben.«

Mit einem Mal hörte er ganz leise vom fernen Dorf jenseits der Wiese die Glocken des Kirchturms läuten. Mitternacht. Jetzt war es also so weit. Die Gedanken in Trix' Kopf verschwanden von einer Sekunde auf die nächste. Ganz gespannt saß er nun auf seinem Ast und lauschte.

Ab jetzt würde alles anders sein. Die Schleier zwischen den Welten, von denen die alte Rabin gesprochen hatte, hoben sich genau in diesem Moment. Fast meinte er es zu spüren. Jetzt öffneten sich ungeahnte Zugänge zu ungeahnten Möglichkeiten.

Zunächst einmal passierte … eigentlich gar nichts. Trix saß auf seinem Ast und lauschte. Doch zu hören gab es nicht viel. Der Wind strich durch die Bäume, ein paar Äste knarzten, das war schon alles.

Wenn jetzt alles anders ist, dann sollte auch ich alles anders machen, dachte sich Trix. Hatte die alte Rabin nicht gesagt, dass er etwas Ungewohntes tun sollte? Trix überlegte einen Moment. Und dann beschloss er, hinaus aus dem dichten Wald über diese riesige Wiese zu … wandern. Zu Fuß.

Er ließ sich mit ausgebreiteten Flügeln auf den Boden gleiten und stiefelte los. Schritt für Schritt bewegte er sich auf die Wiese zu. Schritt für Schritt ging er dahin, wo Weite und Freiheit lockten. Er kam nur sehr langsam voran und doch spürte er bald eine große Freude dabei, einfach zu gehen und seine Schritte in die Welt zu setzen. Er atmete tief und genoss es, die große nächtliche Welt in unterschiedlichen Schattierungen von Grau zu erleben. Es war kalt und öd – und doch lag ein großes Versprechen in der Luft.

Während er so ging, wurde der Wind stärker. Er blies ihm entgegen, zupfte an seinen Federn und pfiff und johlte dabei. Trix bemerkte, dass ihm dadurch zwar das Marschieren schwerer fiel, doch dieser Wind schien ihn auch zu reinigen. Er nahm alles mit, was Trix an Schwerem und Altem in seinem Gefieder hängen hatte. Er pustete ihn richtig durch und löste dabei alle Spannungen von seinem Körper ab. Trix wusste gar nicht, was genau der Wind da tat, doch er spürte, wie er immer leichter wurde. Leichter in seinem Körper, leichter im Gehen, leichter im Herzen. Auf ganz unerklärliche Weise.

Als der Wind nachließ, umgab Trix auf einmal Ruhe. Das Tosen war einer angenehmen Stille gewichen. Der Wind hatte Trix langsamer werden lassen – und er blieb bei diesem gemächlichen Tempo. Er war ohnehin schon ein ganzes Stück vorangekommen.

Auf der weiten Wiese stand ein uralter Baum, und Trix lief gerade unter seinen starken Ästen hindurch, als er eine mächtige Stimme hörte: »Guten Abend.«

Vor Schreck flog er kurz auf und schaute dann hinauf in den Baum. Zwei große gelbe Augen blickten ihm entgegen. Sie gehörten einem kräftigen Uhu, dessen Konturen sich nach und nach deutlicher zeigten.

»Guten Abend«, antwortete Trix. »Warum kann ich dich denn verstehen?«

»Es sind Rauhnächte«, brummte der Uhu lachend, »jetzt versteht jeder alles und jeden.«

»Jeder, der Ohren hat und zugleich auch ein Herz zum Hören«, ergänzte der Baum mit einem erstaunlich hellen Stimmklang.

»Oh«, meinte Trix verwundert und überglücklich zugleich. »Dann ist jetzt also wirklich eine ganz besondere Zeit.«

»Ihr wundert euch wahrscheinlich«, rief er gleich noch zum Uhu hinauf, »dass ich laufe, statt zu fliegen.«

Der große Vogel drehte seinen Kopf einmal nach links, einmal nach rechts, zuckte dann mit den Achseln und sagte: »Wer weiß, wofür es gut ist.«

Alle drei waren für einen Moment in ihre jeweils eigene Welt eingetaucht. Trix seufzte und ließ sich damit noch tiefer in die Stille sinken.

Schließlich wünschten sie einander schöne Rauhnächte, und Trix spazierte gemütlich weiter, noch langsamer als zuvor. Er freute sich daran, in seinem gemächlichen Tempo so viel mehr von der Welt wahrzunehmen als gewöhnlich. So betrachtete er in Ruhe, wie sich der Baum in einem kleinen Tümpel spiegelte. Auch die schmale Sichel des Mondes war darin zu sehen.

Bald war der Baum in der Ferne kaum noch auszumachen, und Trix kam mitten auf der riesigen Wiese zum Stehen. Bedächtig und jede einzelne seiner Federn bewusst spürend breitete er seine Flügel aus und drehte sich um die eigene Achse. Was für eine Weite! In seinem Inneren. Und draußen in der Welt. So viel Raum zu allen Seiten! Und erst nach oben hin! Ein riesiges Himmelszelt spannte sich über ihm auf, übersät mit Tausenden von

Sternen, die sanft und leise funkelten, als würden auch sie zu ihm sprechen. Er verstand nicht, was sie sagten, doch eine wohltuende Wärme breitete sich in ihm aus, während er zu ihnen hinaufsah. So stand er da und lauschte. Bestaunte das Glitzern und Funkeln.

Stille und Weite. Alles schien am richtigen Platz zu sein. Und plötzlich war ihm, als hätte er so einen leuchtenden Stern auch in seinem Inneren. Ach was, ganz viele Sterne! So wie sie dort oben am Himmel funkelten, so leuchteten sie auch in ihm. Alles war plötzlich Leuchten. Alles war Strahlen. Alles war Licht.

Und alles war Stille. Absolute Stille. Trix war selbst ganz still geworden im Lauschen auf dieses Wunder um ihn herum und in ihm drinnen. Die Stille in ihm war die gleiche Stille wie die in dieser zauberhaften Nacht. Dieser ersten Rauhnacht.

Er nahm mit jeder Zelle seines Wesens die Schönheit dieses Augenblicks wahr. Er atmete tief durch und spürte sich in dieser lichtvollen Stille als Teil eines unermesslichen Ganzen und doch ganz als er selbst.

So klein war er, wie er hier auf dieser Wiese stand. Und so klein war plötzlich auch sein Schmerz – nur ein winziger düsterer Nebel in dieser unermesslichen Weite und dieser übergroßen Stille. Kurz streifte ein Gedanke an sein Schicksal seinen Geist. Doch war es nicht das Leid, das ihn hierhergeführt hatte, zu diesem Moment?

Ihm fielen die Worte des Uhus wieder ein: »Wer weiß, wofür es gut ist.«

Kaum hatte er dies gedacht, rauschte eine Sternschnuppe in einer langen leuchtenden Spur über den Himmel. Unwillkürlich breitete Trix seine Flügel aus, um das Wunder dieser Nacht ganz in sein Herz zu nehmen.

# Der Frieden der zweiten Rauhnacht

Trix hatte viel Zeit auf dem Baum mitten auf der Wiese verbracht, hatte auf seinen Zweigen gesessen, mit ihnen geschwiegen und die Ruhe genossen. Am frühen Morgen der zweiten Rauhnacht saß er an dem kleinen Tümpel neben dem Baum und schaute aufs Wasser. Es war erstaunlich klar, Trix konnte bis fast auf den Grund sehen.

Natürlich hatte diese viele Stille etwas sehr Erhabenes und damit auch Erhebendes und irgendwie Stärkendes für ihn. Doch immer nur Stille, das war auch ein bisschen viel und machte ihn nach einer Zeit wieder traurig. So viele ungeklärte Fragen drängten immer neu in sein Bewusstsein. So viel Schmerz, so viel Ärger.

Hundert Mal kaute er in seinem Kopf einzelne Szenen durch. Er sah vor seinem inneren Auge, wie Trine Tom, diesen Poser, angehimmelt hatte, wie verächtlich dieser Großstadt-Casanova mit ihm gesprochen und wie Trubi mit seinem dummen Grinsen zu ihm gesagt hatte, er sei »ewig gestrig«. Das tat weh. Noch immer.

Dazu diese Stadt, die einfach alles an sich riss, was sie wollte, keinerlei Rücksicht auf sein Leben, auf seine Wünsche und Bedürfnisse nahm und ihm so überhaupt nicht lebenswert erschien. Das alles schmerzte fürchterlich.

Ein dumpfes Platschen vor ihm auf der Wasseroberfläche ließ Trix aus seinen Gedanken aufschrecken. Gerade noch sah er, wie irgendetwas recht Großes aus dem Wasser gesprungen war und klatschend wieder darin verschwand. Immer weiter werdende Ringe auf der Oberfläche des Tümpels bezeugten, was er nur flüchtig wahrgenommen hatte.

»Was war das?«, rief Trix laut.

Da steckte ein großer Hecht seinen Kopf aus dem Wasser und rief Trix zu: »Ich musste mal etwas deutlicher werden, weil du hier so viel Schlamm aufwirbelst. Guten Tag.«

»Wieso ich?«, fragte Trix empört. »Den Schlamm, den wirbelst doch du auf! Ich kann ja schon gar nicht mehr in die Tiefe des Wassers schauen. Alles aufgewühlt.«

»Genau«, sagte der Hecht. »Alles aufgewühlt. Schau doch mal in dein schönes Wesen hinein. Ist es klar wie ein See? Nein! Es ist voller Geschichten und Gedanken und Erinnerungen, voller Trauer und voller Schmerz, voller Was-der-gesagt-hat und Was-die-gemacht-hat und Wieder-geschaut-hat und Was-ich-jetzt-machen-soll. Alles aufgewühlt.«

»Du hast recht«, rief Trix ganz erstaunt. »Das stimmt wirklich. In mir strudelt ganz schön viel herum. Ganz schön viel doofer Schlamm! Doch was soll ich machen?«

Der Hecht antwortete nicht. Er war schon wieder abgetaucht und nicht mehr zu sehen. Nur der aufgewühlte Schlamm im Tümpel erinnerte noch an ihn.

Nachdenklich blieb Trix zurück. Diese kleine Begegnung mit dem Hecht hatte ihm etwas klargemacht, was ihm nie zuvor aufgefallen war: In ihm war ein unglaublicher Lärm. Unglaublich viele (wie sollte er es nennen?) Dinge wirbelten in ihm herum. Tatsächlich wie der aufgewühlte Schlamm im Tümpel. Dabei war er doch in der letzten Nacht so voller Stille gewesen, dass sogar die Sterne in seinem Inneren zu scheinen schienen.

Erstaunlicherweise ging es Trix schon besser, seit er erkannte, was da alles in ihm los war. Aber wie sollte er mit diesem Schlamm umgehen? Noch hatte er keine Ahnung. Diese Mengen an Erinnerungen und Überlegungen, an Erfahrungen und Geschichten waren einfach übermächtig. Schließlich hatte er schon tagelang versucht, all das zu sortieren und in irgendeine zukunftsfähige Ordnung zu bringen, die sich aushalten ließ. Keine Chance!

Er war viel zu müde und zu frustriert, um es auf diese Weise weiter zu versuchen. So weit hatte der Hecht ihn tatsächlich aufgeweckt. Also blickte er einfach aufs Wasser und wartete. Die alte Rabin hatte schließlich von einer besonderen Zeit gesprochen, in der sich die Welt ganz außergewöhnlich zeigen würde. Er hatte Zeit, und irgendetwas würde bestimmt passieren.

Und es passierte tatsächlich. Ganz langsam und fast unmerklich. Während Trix so aufs Wasser blickte, sah er, wie sich der Schlamm ganz langsam wieder nach unten auf den Grund des kleinen Sees absetzte. Es ging wirklich sehr langsam, und doch wurde das Wasser mit der Zeit wieder klarer. Immer noch ein bisschen mehr, je länger Trix schaute.

So saß er lange dort und war dabei nur scheinbar ganz eingenommen von der Beobachtung des Sediments und des Wassers, die sich allmählich auseinandersortierten und klärten. Denn in seinem Inneren passierte etwas ganz Ähnliches. Wie er da so saß, ganz in Ruhe, sanken auch all seine Gedanken und Erinnerungen und

Vorstellungen an seinem Bewusstsein vorbei ganz langsam in die Tiefe. Es ging so langsam und hatte so viel Raum und so viel Ruhe, dass Trix alles, was da in ihm wie Schlamm zu Boden schwebte, betrachten konnte. Da war der Ärger über Tom – und als Trix ihn spürte, diese kraftvollen Flammen des Zorns in seinem Inneren, bemerkte er, dass sich dahinter eine tiefe Traurigkeit und Verletztheit versteckte. Ja, Tom hatte ihn verletzt. Ja, es tat weh. Ja, es war kaum auszuhalten. Ebenso wie das Verhalten von Trine, mit der ihn doch so viel verbunden hatte und die sich nun gar nicht mehr wie eine Freundin verhielt. Und von Trubi, der plötzlich einfach nur noch gemein war!

Trix spürte seinen Schmerz ganz pur. Er atmete mit den kleinen Wellenbewegungen auf der Wasseroberfläche. Und während sich die vielen verschiedenen Schlammpartikel vor ihm immer weiter in Richtung Boden absetzten, so sank auch sein Schmerz in die Tiefe. Tiefer und tiefer, bis auf den tiefsten Grund. Es war schwer, doch es war auszuhalten, zumindest in diesem einen Moment. Jetzt. Und jetzt. Und jetzt. Trix wehrte sich nicht mehr. Offenbar war alles so, wie es eben war. Die Stadt fraß sich über ihre Ränder, Tom war Teil ihrer Gemeinschaft geworden, und er selbst, Trix, wusste nicht, wie er mit alldem umgehen sollte. Woher sollte er es auch wissen? So etwas hatte er noch nie erlebt.

Es tat ihm so erstaunlich gut, einfach hier am Wasser zu sitzen und zu schauen. Halb nach außen, halb nach innen. Und sowohl hier wie auch dort setzte sich ganz langsam und in seiner ureigenen Zeit, die nichts zu beschleunigen wusste, der Schlamm nach unten ab. Das Wasser wurde wieder klarer und immer klarer, je ruhiger Trix selbst wurde.

Irgendwann, als einige Zeit vergangen war, spürte er einen Schatten über sich und hörte dann ein leises Rascheln hinter sich im Baum. Der Uhu war von seiner nächtlichen Jagd zurückgekehrt und hatte sich diesmal nicht auf seinem Lieblingsast niedergelassen, sondern ein paar Äste tiefer, um näher bei Trix sein zu können. Er schüttelte sein Gefieder, legte mit dem Schnabel ein paar Federn wieder an die richtige Stelle und setzte sich bequem zurecht.

»Wie fühlst du dich?«, fragte er.

Trix schwieg erst einmal weiter. Gute Frage. Wie fühlte er sich? Er spürte neu in sich hinein.

Dann sagte er: »Mir tut das Herz noch weh von allem, was ich erlebt habe. Und der Bauch ist ganz fest. Und es ist irgendwie auch ein bisschen schön, das zu spüren und dir beschreiben zu können. Ich denke, wenn es nun mal so ist, dass mein Leben nicht so weitergehen will, wie ich es kenne, dann tut das weh, aber ich kann nichts dagegen machen. Ich habe es versucht, und es geht nicht.«

»Du erkennst, was es zu erkennen gibt«, sagte der Uhu zärtlich.

»Es hat gedauert und es hat sehr wehgetan. Aber jetzt kämpfe ich nicht mehr dagegen an. Das tut komischerweise gut, auch wenn ich noch traurig bin.«

»Du anerkennst, was du nicht ändern kannst, und kannst es aushalten«, sagte der Uhu.

Sie schwiegen beide, und dieses gemeinsame Schweigen hier am kleinen See und unter dem Baum fühlte sich für Trix wie eine große, herzliche Umarmung an. Er hielt die Augen geschlossen und war ganz und gar eingetaucht in diesen Moment.

Als er die Augen wieder öffnete und sich umsah, wirkte alles auf einmal ganz harmonisch und ausgeglichen. Die weite Wiese mit ihrem Baum, die Wälder ringsherum, die Gänse, die über den Himmel zogen, die kleinen Vögel, die laut aus einem Busch heraus tschilpten, selbst die große und immer größer werdende Stadt irgendwo in der Ferne mit ihren Maschinen und ihren Häusern und mit dem Angeber Tom – alles war … ja, alles war *eine* Welt. Alles schien ihm jetzt voller Harmonie, wie von einem großen Orchester ins Leben gerufen. Alle taten an ihrem Ort das, was sie eben taten. Sie flogen, sie saßen, sie lärmten, sie waren still, sie gaben an. Die Welt kam ihm vor wie ein riesiger Spielplatz, der jedem Wesen zur Verfügung stand, damit es dort …

Ja, was eigentlich?

Damit es dort einfach sein konnte, wie es eben war. Und mittendrin in dieser Welt war in dieser zweiten Rauhnacht ein ganz friedvoller Trix.

# Die Kraft der
# dritten Rauhnacht

Eine süße, zarte, eine unbeschreiblich schöne Melodie weckte Trix am folgenden Morgen. Es war die dritte Rauhnacht, die sich ihm so lieblich und lockend zeigte. So weich und zärtlich und damit auch so stärkend. Trix spürte tatsächlich eine ganz neue Kraft in sich. Und die wollte ins Leben.

Er reckte und streckte sich, schüttelte sein Gefieder zurecht und lauschte, woher wohl diese wunderbare Melodie kommen mochte. Was sie ihm sagte, war klar. Daran gab es für ihn keinen Zweifel. »Es ist Zeit«, hörte Trix aus ihr heraus. »Das Leben ruft mich zu einem neuen Tanz.«

Er schaute über die weite Wiese. Alles an diesem Rauhnachtmorgen war in kräftige Farben getaucht – der kleine Tümpel glitzerte blau, die Wiese war gelblich grün, dahinter der Wald mit seinen dunklen Tannen und den winterkahlen Buchen mit ihren silbern schimmernden Stämmen. Und über allem das weite Himmelszelt mit einer herzlich strahlenden Sonne.

Während ihre Strahlen sein Gefieder wärmten, war Trix auf einmal auch völlig klar, woher der süße Gesang kam: von einer Amsel natürlich, die drüben am Waldrand auf einer Buche saß und fröhlich den Tag begrüßte. Sie gab Trix, so schien es ihm, den Schwung für ein ganzes neues Jahr. Alles lockte ihn hinaus in die Welt, lockte ihn hinein ins Leben. Es war so weit. Die Ruhephase war beendet. Trix spürte, dass die Reservetanks in seinem Inneren wieder aufgefüllt waren. Freude breitete sich in ihm aus. Freude auf neue Erfahrungen, neue Begegnungen, neue Abenteuer, neue Anregungen, die ihm das Leben schenken würde.

Trix blickte sich um. Es gab so viele Wege von hier aus. Einen würde er wählen. Aber welchen? Wohin sollte er jetzt gehen? Ihm stand alles offen, jetzt, mitten in den Rauhnächten, wo alles möglich war.

Ein leises Zögern überkam ihn. Würde er weiterhin gut geführt sein? Würde er das finden, wonach er suchte? Wo er doch selbst nicht so wirklich wusste, was es war. Bisher war er wirklich ganz zufrieden. Immer war jemand für ihn da gewesen. Immer hatte er Unterstützung bekommen. Vielleicht würde das auch weiterhin so sein. Warum auch nicht? Vielleicht, dieser Gedanke schlich sich in Trix' Kopf, ist das ja sogar ein Merkmal des Lebens: Wir werden unterstützt, wenn wir uns dafür öffnen.

Während er das dachte, traf ihn auf einmal etwas an der Schulter, und reflexartig schnappte er es mit seinem kräftigen Schnabel auf. Es war eine Buchecker. Trix schaute hinauf, wo die jetzt plötzlich hergekommen war. Und er blickte direkt in die großen gelben Augen des Uhus.

»Hast du mir diese Buchecker zugeworfen?«

»Ja. Sie ist ein Geschenk von mir und vom Baum. Es war schön, dass du unser Gast warst. Und mit diesem kleinen Geschenk sollst du wissen, dass du jederzeit wieder hierherkommen kannst. Du kannst hierherfliegen, wann immer du das möchtest. Und wenn du nicht direkt herkommen kannst, dann kannst du es dir vorstellen und dann innerlich so erleben, als wärest du tatsächlich hier. Jederzeit. Als ein Weltenwanderer.«

»Ich danke euch«, rief Trix und verdrückte ein paar Tränen. Das Wort Weltenwanderer berührte ihn eigentümlich tief. »Das ist wirklich sehr lieb von euch. Ein Zuhause. Ein Zuhause in der Ferne.«

»Du kannst viele Arten von Zuhause haben und irgendwann wirst du wissen, was dein wahres Zuhause ist.« Bei diesen Worten berührte der Uhu mit der Flügelspitze seine Brust.

Sie schwiegen einen Augenblick. Als Trix schließlich aufbrechen wollte, versuchte er, die kleine Buchecker irgendwie an seinem Körper zu verstauen.

Der Uhu lachte. Schließlich sagte er mit seiner mächtigen Stimme: »Du musst nichts mit dir herumtragen. Wenn es dir etwas bedeutet, was wir dir geschenkt haben, dann verankere es in deinem Herzen. Und dann kannst du frei weiterziehen. In deinem Herzen wirst du jederzeit alles wiederfinden, was du brauchst.«

Trix hielt sich die Buchecker vor die Brust, schloss die Augen und atmete ein paar Mal sanft und tief ein und aus. Dann ließ er sich auf den Boden gleiten, legte das Geschenk sachte in eine kleine Kuhle und bedeckte es mit Erde. Sollte es zu einem Baum heranwachsen und gedeihen. Als Erinnerung an die Kraft des Weltenwanderns.

Nun war er bereit.

Mit kraftvollen Flügelschlägen erhob sich Trix in die Lüfte und zog ein paar Kreise. Er legte sich in den Wind und jubelte laut – so herrlich war es, wieder die ganze belebende Kraft des eigenen Seins zu spüren.

Er grüßte noch einmal zum Baum und zum Uhu hin, bedachte auch den Hecht im Tümpel mit einem letzten freundlichen Gruß und drehte ab in Richtung Wald.

Er war erst ein oder zwei Minuten in der Luft, da erspähte er unten im Gras ein Grün, das nicht von dieser Welt zu sein schien. Was war das? Er flog tiefer, um es sich genauer anzuschauen, da hatte es ihn seinerseits schon entdeckt. Es schaute zu ihm hinauf und rief: »Hallo, Rabe. Gott zum Gruße.«

»Hallo … ähm, hallo … Drache«, rief Trix und stotterte fast ein bisschen. »Was machst du denn hier? Dich, ähm … also, dich gibt es doch gar nicht!«

»Ja, das denken viele«, entgegnete das grüne Wesen unbeeindruckt.

Trix hatte das Gefühl, dass es freundlich war – abgesehen davon, dass es ja eigentlich nicht existierte und ihm damit doch nun wirklich auch nichts tun konnte. Er landete neben ihm in der Wiese.

»Du bist ziemlich groß«, staunte er und schaute an dem grünen Körper seiner neuen Bekanntschaft hinauf bis zu deren Kopf.

»Ich bin gar kein Drache, sei beruhigt«, meinte das Wesen trocken. »Ich bin eine Drachin.«

»Oh«, Trix hüpfte ein Stück zurück, um sich das Wesen genauer anzuschauen. »Das ändert aber eigentlich nichts daran, dass es dich nicht … na ja …«

»Dass es mich nicht gibt? Weil es mich nicht geben dürfte?«

Trix nickte.

»Weißt du, viele Dinge gibt es nicht und es gibt sie doch. Schon allein, wenn man sagt, dass es etwas nicht gibt, dann ist es ja in der Welt. Als das, was es nicht gibt. Man redet darüber – wie sollte es das dann nicht geben?«

»Na ja, nicht in echt eben. Nur als Fantasie.« Trix überlegte. »Vielleicht bist du ja meine Fantasie – und weil

Rauhnächte-Zeit ist, kann ich dich so lebensecht sehen und mit dir sprechen.«

Trix schien mit dieser Erklärung zufrieden.

»Das kannst du interpretieren, wie du möchtest«, meinte die Drachin ruhig.

Trix war neugierig: »Wie erklärst du es dir denn, dass du hier bist und alle denken, das könne nicht sein?«

»Nun ja, weil alle etwas denken, muss es deshalb noch lange nicht wahr sein. Ich bin da – das merke ich ja selbst. Es ist meine eigene Erfahrung, an der kann ich nicht zweifeln.« Sie strich sich mit der Hand über den hellgrünen Bauch, zärtlich und ganz spürig. Sogar Trix merkte, was für eine wohlige Entspannung in dieser Geste lag.

Plötzlich richtete er sich hoch auf. »Mir fällt etwas ein: Eigentlich bist du ja ›ewig gestrig‹. Hihi, das ist witzig. Und auf dich angewandt, sind diese Worte gar nicht schlimm.«

»Hm, was sollte daran auch schlimm sein? ›Ewig gestrig‹ ist doch wunderbar. Wenn du …« Die Drachin machte eine bedeutungsschwangere Pause, bevor sie fortfuhr: »Wenn du zugleich auch ›heutig‹ sein kannst.«

»Ewig gestrig und heutig«, sinnierte Trix.

»Ewig, gestrig und heutig. Setz ein Komma dazwischen – und du umfasst alles. Alle Zeit und jeden Raum. Heutig, gestrig, ewig. Zeitlos, gegenwärtig.«

»Wow«, machte Trix und schloss die Augen, um sich besser auf das konzentrieren zu können, was sich gerade in ihm bewegte.

»Du bist eine Meisterin der Zeit«, sagte er schließlich. »Na ja, und deshalb kannst du wohl auch weiterhin existieren, während alle denken, das ginge gar nicht.«

»Alles, was es einmal gab, existiert. Es ist eingeschrieben in die Zeitlosigkeit. Alles ist Energie – und bleibt als solche bestehen. Es kommt aus der Energie, nimmt Form an, und wird irgendwann wieder formlose Energie. Um es mal ganz einfach zu sagen. Auch dann aber ist es noch spürbar und gewissermaßen abrufbar von denen, die das vermögen. Und so bin ich da und nicht da. Existent und lange ausgestorben.«

Trix war begeistert. »Dann kann doch vielleicht auch ich ein ewig gestriger Waldvogel sein und zugleich ein cooler moderner Stadtbewohner, oder?«

»Eine sehr gute Idee«, pflichtete ihm die Drachin anerkennend bei. »Du kannst sein, was immer du sein kannst. Und das wird sicher immer wieder etwas anderes sein. Du kannst dich immer neu wandeln. Viel mehr, als du dir vorzustellen vermagst.«

»Das gefällt mir. Herzlichen Dank, Drachin.« Trix machte eine kleine Verbeugung. »Alles Gute für dich!«

Er flog weiter zum Waldrand und direkt zur Schaukel, auf der er die weise Rabin kennengelernt hatte. Schließlich war schon die dritte Rauhnacht, und er hatte ihr noch gar keine Nachricht hinterlassen.

»Ich habe schon ein bisschen was verstanden, liebe Rabin«, schrieb er nun eifrig. »In der ersten Rauhnacht wurde mein Schmerz ganz klein in der riesigen Stille der Nacht. In der zweiten Rauhnacht spürte ich Frieden, als ich mich nicht mehr gegen das wehrte, was ich erlebt habe. Als ich zulassen konnte, dass manches so ist, wie es ist, und es Dinge gibt, die sich nicht ändern lassen. In der dritten Rauhnacht durfte ich erfahren, dass ich kraftvoll weiterziehen und dabei alles zur Unterstützung annehmen und in mir mitnehmen kann, was jemals existierte. Als Weltenwanderer. Es macht Freude! Danke.«

Dann verstaute er sein kleines Schreiben wie verabredet unter dem Stein neben der Schaukel und suchte sich einen schönen Ast, von dem aus er weit ins Land schauen konnte, bevor er sich ins Reich der Träume gleiten ließ.

# Die Seelenweite der vierten Rauhnacht

Als Trix erwachte, lugte die Sonne gerade ein wenig über dem Horizont hervor und schickte ihre ersten Strahlen durch die Bäume hindurch zu dem Platz mit der Schaukel, die für den jungen Raben schon ein wenig Heimat geworden war. Die Luft war ungewöhnlich mild und dieser Tag, der schon zur vierten Rauhnacht gehörte, versprach richtig schön zu werden. Trix reckte den Schnabel in die Welt und war ganz zufrieden.

»Erstaunlich, was ich schon alles erlebt habe in diesen wenigen magischen Tagen und Nächten. Und wer mir schon alles begegnet ist. Ich habe neuen Schwung – aber«, nachdenklich werdend machte er eine Pause, »ich weiß nicht, was ich damit anstellen soll. Eigentlich weiß ich gar nicht, wie es weitergehen könnte.«

Trix schaukelte ein wenig vor und zurück. Der Ast, an dem die Schaukel hing, knarzte. »Ich weiß immer noch nicht, was ich will und was ich tun soll.«

»Ich wüsste da schon mal was für den Anfang.«

Trix schreckte hoch und drehte sich blitzschnell um, denn der Urheber dieser Stimme musste hinter ihm sein.

Nur einen Meter vor sich entdeckte er dort einen Fuchs. Er schreckte noch einmal auf und flog auf einen etwas höher gelegenen Ast. Nun musterte er den Fuchs. Das auffallend schöne Tier, mit seinem rötlichen Pelz und der

gekonnten weißen Zeichnung im Gesicht und am Hals, saß auf dem Waldboden und blickte zu ihm hinauf.

»Hast du mich erschreckt!«, schimpfte Trix. »Und du weißt, was ich tun soll?«

»Zu spät. Du warst selber so schlau. Ich hätte dir empfohlen, ein bisschen höher auf einen Ast zu fliegen – für den Anfang. Sonst wäre klar, wie es weitergegangen wäre. Für mich mit einem leckeren Frühstück. Und für dich, nun ja, gar nicht mehr.«

Trix atmete tief durch. Glück gehabt! Alle Instinkte hatten funktioniert.

»Das ist sehr nett von dir, Fuchs.« Er erholte sich noch immer von seinem Schreck. »Warum wolltest du mich denn erst … Also, ähm, wieso hast du mich denn gewarnt, statt mich … also, statt gleich zu … frühstücken.«

»Du brauchst nicht gleich zu stottern. Dort oben bist du sicher, und es ist ja nichts passiert.«

»Aber es hätte, wenn du gewollt hättest, oder?«

»Na ja, ich hätte schon ordentlich springen müssen. Aber ich wollte sowieso nicht.«

»Und warum nicht?« Trix entspannte sich langsam wieder. Hier oben war er wirklich sicher vor den Zähnen dieses Fuchses. Und so aus der Ferne wirkte er doch recht freundlich und könnte sich als interessanter Gesprächspartner entpuppen.

»Es wäre langweilig gewesen.«

»Langweilig?!« Trix wäre fast wieder auf die Schaukel gehüpft, so neugierig war er auf diesen seltsamen Gesellen.

»Na ja, wenn man alles schon mal gemacht hat und am Anfang schon genau weiß, wie es weitergeht, dann fehlt die Würze. Die Überraschung.«

»Mich zu frühstücken wäre dir also zu langweilig gewesen? Na, da weiß ich ja nicht, ob ich froh oder enttäuscht sein soll.«

»Ja. In der Tat. Du hättest da wie auf einem Silbertablett gesessen. Mein Hunger ist nicht so groß. Ich hatte dich hier noch nie zuvor gesehen, es sind Rauhnächte, und da könnte es doch viel interessanter sein, dich ein bisschen kennenzulernen und etwas Neues zu erleben.«

Trix überlegte. »Also, wenn mir ein paar schöne Walnüsse auf einem Silbertablett serviert werden, habe ich nichts dagegen.«

»Wirklich nicht?«, fragte der Fuchs. »Wie hast du sie denn lieber: fertig geknackt und aus der Schale gelöst oder frisch vom Baum gefallen?«

»Hm. Ich verstehe! Meistens kommen sie frisch vom Baum, und dann muss ich mir etwas einfallen lassen, wie ich an das Essbare darinnen herankomme. Das Herumprobieren und Suchen und Tüfteln, das macht Freude. Stimmt! Und seit die Welt immer eckiger geworden ist, fliegen wir mit so einer Nuss gern ein bisschen nach oben und lassen sie nach unten auf die Straße fallen. Die ist so hart, dass die Nüsse irgendwann aufspringen. Manchmal warten wir sogar, dass ein Auto drüberfährt.« Trix überlegte. »Das ist direkt ein Vorteil der Stadt. Darauf war ich noch gar nicht gekommen. Vielleicht gibt es sogar noch mehr Vorteile, was meinst du?«

»Die gibt es immer«, sagte der Fuchs mit großem Selbstverständnis. »Die gibt es immer und überall.«

»Es macht Freude, etwas zu entdecken und auszuprobieren. Und wenn es nicht gleich klappt, ist es trotzdem interessant.« Trix war so richtig ins Philosophieren gekommen. »Vielleicht ist es gar nicht so schlecht, dass ich nicht weiß, wie es weitergehen soll. Die Zeit vergeht trotzdem. Es wird Abend und es wird ein neuer Tag kommen. Und irgendetwas werde ich tun, irgendjemand wird mir begegnen, und alles kann ganz neu für mich sein. Ich kann mich überraschen lassen. Vom Leben selbst!«

»Ziemlich schlau, kleiner Rabe«, lobte der Fuchs.

»Jetzt bin ich richtig neugierig geworden.« Trix hüpfte von einem Bein aufs andere. »Wenn ich alles schon wüsste, das wäre ja langweilig. Genau wie bei dir! Wenn alles ganz auf einem Silbertablett vor mir läge, wäre das manchmal ganz entspannend, aber eigentlich langweilig. So kann ich ausprobieren, suchen, testen, wach und aktiv sein!«

»Neugierde ist etwas Wundervolles«, bestätigte der Fuchs. »Ich folge ihr gern.«

»Wohin denn?«

»Dorthin, wohin sie mich ruft.«

Trix versuchte das zu verstehen. Er versuchte zu hören, was ihm die Neugierde zurief. Dann sah er erstaunt nach oben.

»Weißt du was, Fuchs? Mich ruft die Neugierde nach oben. Ich habe in den letzten Tagen Ausflüge in die verschiedenen Richtungen gemacht und jetzt bin ich neugierig, wie es da oben ist. Ich möchte nicht mehr zu irgendeinem Horizont aufbrechen, ich möchte in die Vertikale. Am liebsten senkrecht hinauf. Ist das nicht seltsam?«

Der Fuchs ließ sich nicht aus der Ruhe bringen. »Wenn die Neugierde dich dorthin ruft, dann folgst du ihr dorthin oder du lässt es sein. So einfach.«

»Ich werde ihr folgen«, rief Trix begeistert. »Ich danke dir sehr, Fuchs. Du bist sehr klug und du hast mich angenehm überrascht.«

»Ja, es war nett, mit dir zu sprechen. Frühstück für den Geist.«

»Und für das Herz«, ergänzte Trix, und sie verabschiedeten sich.

Geschickt erhob sich Trix von seinem Ast in die Luft, steuerte zwischen den Baumkronen hinauf nach oben und flog in Kreisen wie in einer Spirale immer weiter hinauf.

Einem solchen Impuls war er noch nie zuvor gefolgt. Es fühlte sich fantastisch an. Er schraubte sich immer weiter in den Himmel hinein.

Während die Welt unter ihm immer kleiner wurde, spürte er in seinem Herzen eine immer größere Weite. Er ließ sich von seinen starken Flügeln durch die Luft tragen und jubelte laut.

Über sich entdeckte er plötzlich ein kleines Wölkchen, das in einem ganz eigentümlichen Schimmer erstrahlte.

Neugierig steuerte er darauf zu und im Näherkommen hatte er den Eindruck, dass auf dieser Wolke jemand saß. Ein Vogel wie er selbst und doch völlig anders in seinem Aussehen. Seine Farben schimmerten rötlich, fast golden. Die Federn waren zart und flauschig, der Schwanz lang und geschmückt wie bei einem Pfau.

Erstaunt umkreiste Trix in einem vorsichtigen Abstand die Wolke und den wundersamen Vogel.

»Komm doch zu mir«, rief ihm das gefiederte Wesen zu, und es klang, als hätte jemand eine Melodie auf einer Flöte gespielt.

Trix kam der Einladung, die ihm wirklich herzlich erschien, gern nach und setzte sich neben den Vogel auf die watteweiche Wolke. Als er spürte, dass sie ihn tatsächlich trug, legte er entspannt seine Flügel an. Er wusste sofort, dass dies eine besondere Begegnung werden würde.

Der Vogel sprach wieder mit seiner flötenartigen Stimme: »Ich hatte dich schon erwartet, Trix. Schön, dass du hier bist. Man nennt mich Seelenvogel, und es ist eine besondere Art der Neugier, mit der man zu mir findet.«

»Jetzt verstehe ich, was die alte weise Rabin mit den verschiedenen Welten gemeint hat, die sich während der Rauhnächte begegnen.« Trix war erfreut und berührt zugleich. Er sah diesem erstaunlichen Vogelwesen in die Augen und hatte das Gefühl, auch darin wie in einer weiteren, unendlich tiefen und geheimnisvollen Welt versinken zu können. Für ein paar Sekunden schien die Zeit stillzustehen, und es war Trix, als würde sich in seinem ganzen Wesen etwas erinnern. Er schaute in diese Augen und fühlte sich mit einem Mal so wissend, so reich, so allumfassend wie nie zuvor. Er hätte es nicht in Worte fassen können, doch alles schien plötzlich einen Sinn zu ergeben.

Er schloss die Augen, atmete die Magie dieses Moments tief in sich ein und schaute wieder zu seinem Gegenüber. »Ich freue mich wirklich, dir begegnet zu sein, Seelenvogel.«

»Das geht mir ebenso, Trix. Und lass dir gesagt sein, die Rauhnächte sind manchmal nur der Anfang, um andere Welten zu erleben und ihre Qualitäten von Liebe und Weisheit, von Freude und Freiheit in deine alltägliche Welt hinüberzurufen.« Der Seelenvogel deutete mit seinem Flügel in einer anmutigen Geste auf die Weite der Welt unter ihnen. »Es gibt unendlich viel zu entdecken, Trix. Dein ganzes Leben ist genau dafür da.«

Staunend betrachtete Trix die Welt dort unten, denn so, wie von hier aus, hatte er sie noch nie gesehen. Dann schaute er in die unendliche Weite um sich herum hier in dieser Höhe und erneut zum Seelenvogel mit seinen tiefen, Welten umfassenden Augen. In seinem Herzen regte sich eine große Freude über dieses Leben. Mochte es manchmal auch schmerzhaft sein, es gab so viel Erstaunliches, so viel Freundliches, so viel Wundervolles!

»Ich muss gar nicht wissen, wie es weitergeht«, hörte sich Trix sagen. »Ich kann vertrauen. Meine Neugierde wird mich führen und gerade, weil ich nichts von der Zukunft weiß, kann ich mich ganz vom Augenblick leiten lassen. Ich kann ihn erfahren, mich ihm hingeben und mich ganz eigentümlich im Leben geborgen fühlen.«

»Du lernst sehr schnell.«

»Hier oben geht es leicht. Hier ist alles ganz einfach. Hier spüre ich, was sich in mir entfalten will: Vertrauen. Und Freude! Immer mehr. Ich würde gern noch ein wenig bleiben.«

»Sehr gern.« Der Seelenvogel machte eine einladende Geste. »Mach es dir bequem und ruh dich aus.«

Trix kuschelte sich in die Wolke und schloss die Augen in dem tiefen Vertrauen, dass er in der Verbindung mit seinem Seelenvogel sicher, geborgen und auf dem richtigen Weg war. Wohin er wohl führen mochte? Trix war neugierig, ob er davon träumen würde … Dann schlief er ein.

# Die Klarheit der fünften Rauhnacht

Als Trix erwachte, hatte er für einen Moment das Gefühl, er würde auf einer weichen Wolke liegen und durch den Himmel schweben. Er öffnete die Augen und sah unter sich die Erde mit ihren Wäldern und Wiesen, mit sanften Hügeln und den eckigen hohen Häusern der Stadt. Eine Wolke aber war da nicht. Vielmehr registrierte Trix, dass er mit weit ausgebreiteten Schwingen durch die Lüfte schwebte.

Hatte er nur geträumt? Von der Wolke und dem Seelenvogel?

Er schloss noch einmal die Augen und sah innerlich sofort wieder den herzensvollen Blick dieses golden schimmernden Vogels. Er hörte seine Flötenstimme rufen: »Du kannst jederzeit wieder hierherkommen. Im Traum. Im Schlaf. Indem du deine Augen schließt und dich hierherdenkst. Alles Gute!«

Trix dankte ihm im Geiste und öffnete wieder die Augen. Die Erde zeigte sich in ihrem winterlich nüchternen

Kleid. Doch bald würde sie wieder Blumen hervorbringen und die Bäume mit Blättern überziehen. Ob sie wohl immer wusste, wie es weitergeht? Hatte sie einen Plan? Hatte sie ein bestimmtes Ziel? Und er selbst? Hatte er eine Strategie? Was würde er für sein weiteres Leben entscheiden? Wo wollte er hin?

Strategie. Entscheidung. Wissen, was man will. Trix bekam fast Bauchweh von diesen Worten, die durch seine Gedanken geisterten. Also konzentrierte er sich lieber wieder darauf, die Welt unter sich zu betrachten. Dabei hatte er mit einem Mal eine Idee: Es wäre vielleicht an der Zeit, mal wieder ein wenig in Richtung der eckigen Welt zu fliegen. Einfach nur um auszuprobieren, wie sich das im Moment anfühlen würde. Bleiben müsste er nicht, denn er war ja noch mittendrin in den Rauhnächten, in seiner ganz besonderen Auszeit.

So steuerte er in Richtung Stadt, langsam kreisend flog und segelte er über Wald und Wiese auf die dichten Häuserreihen in der Ferne zu. Er blieb weit oben, ihm gefiel diese Perspektive, von der aus er den Überblick behalten konnte und sich nicht so leicht in die Dinge verwickelte.

Er war gerade erst an den äußeren Straßen und Häusern der eckigen Welt angekommen, als ihm etwas Eigentümliches auffiel: Unter ihm in einem kleinen Park gab es ein viereckiges Feld, das wiederum in viele Vierecke aufgeteilt war. In sauberen Reihen, immer ein schwarzes und ein weißes Feld im Wechsel. Auf manchen Feldern standen Figuren. Es war ein Schachbrett, zur Erholung und zum Spielen für die Menschen aufgebaut. Ein großes, schön gearbeitetes Brett mit sorgfältig geschnitzten Figuren in Weiß und in Schwarz. Menschen waren keine zu sehen, doch das Spiel war in vollem Gange – konzentrierte Stille lag über dem Feld. Trix flog so nah wie möglich heran, landete auf dem Ast einer kahlen Birke und schaute staunend auf das Geschehen. Alle Figuren waren hellwach, fokussiert und zugleich ganz still.

Warten.

Nachdenken.

Der weiße Turm setzte sich plötzlich in Bewegung. Vier Felder nach vorn. Die Stille verpuffte. Stöhnen auf der schwarzen, erleichtertes Aufatmen auf der weißen Seite. Durchatmen. Und gleich wieder Stille und Konzentration. Alle Figuren waren ganz in das Spiel vertieft. Sie feilten an ihren Strategien und versuchten die der Gegenseite zu erkennen, passten ihr Spiel stets neu dem Geschehen an, variierten, probierten im Geist die Möglichkeiten durch.

Trix spürte mit einem Mal einen Blick auf sich. Der weiße Springer war auf ihn aufmerksam geworden. Mit seinem hübschen Pferdekopf schaute er zu ihm hinauf.

Ihre Blicke trafen sich, und beide grüßten einander freundlich mit einem Nicken.

»Du willst mehr über Strategie erfahren?«, rief der Springer zu Trix hinauf. »Über das Planen der nächsten Schritte? Über das Leben im großen Spannungsfeld zwischen der Natur und der eckigen Welt?«

»Ja, das möchte ich wirklich«, rief Trix erstaunt. »Woher weißt du, was mich beschäftigt?«

»Ein geübter Stratege sieht so etwas«, meinte der Springer und wirkte dabei gar nicht überheblich. Wahrscheinlich hatte er einfach recht. »Ich kenne das Leben gut, als Pferd kenne ich die Natur, und als jahrtausendealte Spielfigur kenne ich die Menschen und ihre eckige Welt. Wenn du es genau nimmst, dann gehöre ich sogar zu ihr. Ohne all das, was der Mensch erfunden hat, gäbe es mich auch nicht.«

»Das wäre schade«, sagte Trix ganz spontan und wunderte sich selbst darüber. »Dann hat die eckige Welt auch wirklich ihre guten Seiten. Das ist interessant.« Er hielt inne und betrachtete den Springer etwas genauer. »In deinem Fall muss ich sagen, dass du wirklich eine gekonnte Mischung aus diesen beiden Welten bist. So viel – oder so wenig – Eckigkeit ist gut zum Aushalten.«

»Nun, ich möchte keine der beiden Seiten missen.«

Das Springerpferdchen scannte mit Kennerblick das Spielfeld. »Wollen wir eine kleine Reise machen?«, schlug es dann vor. »Ich finde ein wenig Abwechslung gerade ganz schön.«

Trix nickte, und der Springer warf seinen Mitspielern ein kurzes »Bin gleich zurück« zu. Mit einem kräftigen Satz sprang er zu Trix hinauf auf dessen Birkenast. Und als ob das alles noch nicht außergewöhnlich genug gewesen wäre, wuchsen ihm in Sekundenschnelle zwei schöne weiße Flügel. Trix kam aus dem Staunen gar nicht mehr heraus.

»Startklar?«, fragte der Springer.

»Na, und ob!«

Schnell erhoben sich die beiden in die Lüfte, der schwarze Rabe und das weiße Springerpferd. Trix orientierte sich an seinem Gefährten und war neugierig, was der ihm wohl zeigen wollte. Er steuerte – ganz seinem Naturell entsprechend – an der Grenze zwischen Stadt und Natur entlang.

Ein Schnellzug tauchte unter ihnen auf, und der Springer machte Trix auf die Gleise aufmerksam, die sich hier ihre Schneise durch ein Waldstück bahnten. Beide Flugkünstler begleiteten den Zug aus ihrer Höhe. Sie konnten frei entscheiden. Auf Schienen unterwegs zu sein wie dieser Zug, ließ hingegen wenig Wahl. Der Zug folgte den Gleisen. Erst an einer Weiche konnte er wählen. So wie dort vorn, wo sich die Schienen kreuzten, gabelten, verdichteten. Kurz vor einem Bahnhof waren es mit einem Mal sehr viele geworden. Trix konnte sie kaum noch zählen. Jetzt war es wichtig, dass der Zug die richtige Abzweigung erwischte.

Aber welche war »richtig«?

Mit einem Kopfnicken signalisierte der Springer seinem jungen Freund, dass sie jetzt ein wenig weiter in die Stadt hineinfliegen würden. Ein dichtes Straßennetz zeigte sich unter ihnen. Unzählige Autos schienen zunächst chaotisch unterwegs zu sein. Doch bald erkannte Trix, dass sie offenbar alle ihren Weg fanden. Wie auf Schnüren aufgereiht, immer eines hinter dem anderen, fuhren die einen in die eine Richtung, die anderen in eine andere, die nächsten in noch eine weitere. Hin und her. Kreuz und quer. Chaotisch – und doch irgendeiner geheimen Ordnung folgend. Mal bog eines in eine andere Straße ab, wechselte die Kolonne, scherte aus und gliederte sich neu ein. Folgte das alles einem Muster? Einem Plan? War es Zufall, dass mal eines rechts und ein anderes links abbog?

Der Springer schien zu bemerken, dass es Trix beinahe schwindlig wurde von all diesen Beobachtungen und all den Fragen, die sie in ihm aufwarfen. Er rief ihm zu: »Schau doch nur! Jeder hier folgt seinem eigenen Weg. Jeder weiß, wohin er jetzt gerade möchte. Jeder findet auf seine eigene Weise seinen eigenen Weg in seinem eigenen Tempo. Von hier oben kannst du all dem mit Ruhe und Gelassenheit zusehen. All die vielen Wünsche und Ziele dieser Verkehrsteilnehmer dort unten, sie formen sich vor deinen Augen zu einem großen Ganzen. Zu einem Muster aus Bewegung, mal langsam, mal hastig, mal freundlich, mal kantig. Überall im Leben. Siehst du?«

Seine Worte konnten Trix tatsächlich ein wenig entspannen. Er schaute diesem Treiben dort unten nun viel gelassener zu – wie einem Spiel. Dem Spiel des Lebens.

Nach einer Weile verließen sie die Stadt wieder und flogen auf eine große Ebene zu, die sich vor ihnen grün und weit ausbreitete. Der eckige Lärm schien allmählich zu verstummen. Er erreichte sie nicht mehr. Viele, viele Meter unter ihnen sahen sie einen großen Schwarm kleiner Vögel. Wild tschilpend stürzten sie alle gemeinsam aus einem Busch hervor, flogen wie eine Wolke, die dauernd ihre Form wechselte und doch ein großes Ganzes blieb, ein paar Figuren in der Luft und verschwanden sofort wieder in einem anderen Busch. Wie ein einziger riesiger Organismus, mal hierhin schwenkend, mal dahin.

Trix schaute fasziniert zu. Wer lenkte? Wer steuerte? Die Fragen tauchten nun mit viel mehr Ruhe in seinem Kopf auf.

Im Weiterfliegen wies das Springerpferdchen Trix auf einen Fluss hin, der gemächlich unter ihnen in der Sonne glitzerte. Breit und würdevoll floss er dahin.

Dann aber teilte er sich in zwei … und in drei … und in noch viel mehr Arme. Nach und nach entstand ein ganzes Geflecht aus kleinen und größeren Flüssen, dicke und dünne, schnelle und langsame, träge und muntere. Ein Delta aus Flussläufen, sprudelnde, fließende Vielfalt.

Trix konnte sich kaum entscheiden, welchem Lauf seine Augen folgen sollten. Hin und her sprangen sie, mal mit dem einen gehend, mal mit dem nächsten. Und plötzlich merkte er: Es ist gleichgültig. Vollkommen gleichgültig. Am Ende gelangten die Flüsse alle in das gleiche Meer. In das eine große Meer des Lebens.

»He, Springer, wo bleibst du?« Ein donnernder Ruf erschallte. Das war der weiße Turm vom Schachbrett. »Hier geht es um alles!«

»Wieder einmal«, setzte kichernd der König hinterher.

»Oh, ich sollte wohl zurückreisen«, stellte das Pferdchen ganz entspannt fest.

Sie traten den Rückflug an und waren im Nu wieder beim Schachbrett angekommen. Fast alle Figuren standen jetzt an anderen Plätzen. Trix hockte sich wieder auf seinen Ast auf der Birke und sah zu, wie der Springer geschickt auf einem ganz bestimmten Feld landete. Er hatte aus seiner erhöhten Perspektive im Landeanflug sofort gesehen, wo er gebraucht wurde.

Doch, ach, es war zu spät. Die Weißen konnten nicht mehr gewinnen.

»Schachmatt!«, tönte ein schwarzer Läufer mitten im Sprint.

Traurig schaute Trix zum weißen Springer. Doch der lachte: »Es ist ein Spiel! Das Leben ist ein Spiel. Wir alle hier probieren viele Möglichkeiten. Wir wählen – und mal läuft es gut, mal läuft es anders. So ist das Leben. Am Ende strömen wir alle in das gleiche Meer. Und wir hier – wir fangen eine neue Runde an. Alles ist gleich-gültig. Probier dich aus. Hab Spaß daran. Entscheide klug – und dann schau, was geschieht.«

Erstaunt war Trix seinen Worten gefolgt. Ja, das Pferd hatte recht. Welche Strategie er auch wählen würde, es war seine ganz eigene Entscheidung. In jedem Fall würde er Erfahrungen machen, er würde wachsen und reifen und vielleicht sogar irgendwann weise werden wie die alte Rabin.

Trix spürte, wie ihn diese Erkenntnis entspannte und zugleich beflügelte.

»Ich danke dir, Springer. Das war ein schöner Ausflug, er hat mich sehr bereichert. Alles Gute!«

Schwungvoll erhob sich Trix wieder in die Lüfte und steuerte auf die große Wiese und seinen Wald zu, bis er an der Schaukel ankam. Auch wenn er nach diesem ereignisreichen Tag ziemlich erschöpft war, wollte er unbedingt noch der Rabin eine Nachricht hinterlassen.

Er schrieb, ohne lange nachzudenken: »Liebe weise Rabin, das Leben ist ein großes Abenteuer. In der vierten Rauhnacht habe ich entdeckt, wie viel freudige Neugierde es in mir wachruft, wenn ich nicht weiß, wie es weitergeht. Das ist viel schöner und aufregender, als wenn ich bereits alles wüsste. Die Neugierde gibt mir die Kraft, weiterzugehen, mutig und offen vorwärtszugehen.«

Während Trix ins Schreiben vertieft war, bemerkte er nicht, dass die weise alte Rabin ganz in seiner Nähe war. Gütig schaute sie hinter dem Baum, an dem er saß, hervor, beobachtete ihn eine Zeit lang und wusste: Er war auf einem sehr guten Weg.

Lächelnd zog sie sich wieder zurück.

Er schrieb derweil weiter: »In der fünften Rauhnacht durfte ich einen Einblick in die Vielfalt des Lebens auf dieser Erde erhalten – egal ob eckig oder natürlich-rund. Es scheint mir jetzt ganz stimmig, dass immer wieder Entscheidungen getroffen werden müssen. Mal kommen sie von allein, und ich bemerke plötzlich, dass ich an einer Weggabelung abbiege. Und ein andermal entscheide ich mich ganz aktiv für einen Weg und lebe dann mit dem, was mir auf ihm begegnet. Immer mache ich meine Erfahrungen und vielleicht ist das alles, worum es geht. Ich hoffe, es geht dir gut, liebe Rabin, und auch du erlebst den Zauber der Rauhnächte. Danke.«

Er hatte kaum den Brief unter dem Stein am Fuße des Baumes verstaut und war in eine sichere Höhe auf einen Ast geflogen, da war er auch schon eingeschlafen.

# Die Lebendigkeit der sechsten Rauhnacht

Trix hatte sich am letzten Abend nicht auf die Schaukel, sondern ein paar Bäume weiter zur Ruhe gesetzt. Ganz eng an den Stamm einer großen Tanne gekuschelt war er auf einem dicken Ast eingeschlafen. Doch es war ein unruhiger Schlaf. Die ganze Nacht über jagten Bilder der vergangenen Tage durch seine Träume. So aufregend war alles gewesen! Eisenbahnschienen rasten durch seinen dösenden Geist, Straßen und Autos zeigten sich, Flussläufe und Häuserzeilen, Felder und Baumreihen. Unterlegt waren sie vom Karomuster des Schachbretts, und immer wieder hallte die Donnerstimme des Turms durch die Nacht, die rief: »Wo bleibst du?!«

Als Trix nachts einmal aufwachte, fegte ein Sturm durch den Wald. Die Bäume bogen sich, es rauschte und knarrte laut und der junge Rabe drückte sich noch enger an den Stamm seiner Tanne. Er vermeinte Stimmen zu hören, mal kamen sie von hinten, mal von vorn, mal von rechts, mal von links, mal schienen sie weit weg zu sein, dann waren sie wieder ganz nah. Er versuchte, irgendetwas zu erkennen, doch die Dunkelheit verschluckte alles, was es vielleicht zu sehen gegeben hätte.

Doch immer wieder hörte er diese Stimmen. Die eine Art wisperte: »Wo sollen wir hin?! Hilfe! Wir fliehen! Doch wohin?!«

Die andere Art von Stimmen klang eher wie ein dunkles Grollen: »Wir sind die wilde Jagd. Wir ziehen über das Land und räumen auf!«

In seinem noch vollkommen schläfrigen Zustand meinte sich Trix zu erinnern, dass die alte Rabin von der wilden Jagd gesprochen hatte, die während der Rauhnächte aus der Anderswelt in unsere Welt kommen und dort die unerlösten Seelen jagen würde. War sie jetzt etwa in seinem Wald unterwegs?

Trix duckte sich, machte sich ganz klein auf seinem Ast, eng am Stamm des Baumes, und lauschte weiter. Es war unheimlich, doch Angst hatte er keine. Er war schließlich keine unerlöste Seele, sondern ein junger Rabe auf der Suche nach dem, was für ihn richtig und stimmig war. Irgendetwas tief in ihm drinnen wusste, dass er diese Kräfte aus den anderen Welten nicht fürchten musste.

An Schlaf war dennoch nicht mehr so recht zu denken. Er hörte das Tosen um sich herum noch eine ganze Zeit lang, merkte, wie der Baum, auf dem er saß, schwankte, und meinte manchmal sogar am eigenen Körper eine

Berührung von diesen umherfliegenden und jagenden Kräften zu spüren. Doch bei all dem war immer auch ein kleines Fitzelchen von dem Frieden und der Stille in ihm selbst erlebbar, die er während seiner Rauhnächte bereits kennenlernen durfte. Sie gaben ihm Halt.

Irgendwann schlief er schließlich wieder ein, und als er die Augen das nächste Mal öffnete, stand die Sonne schon ein ganzes Stück über dem Horizont. Der Wald war ruhig, als wäre nichts gewesen. Nur an den vielen herumliegenden Zweigen und sogar größeren Ästen auf dem Boden konnte man noch erahnen, welcher Sturm heute Nacht hier gewütet hatte.

Trix schloss die Augen noch einmal und vergegenwärtigte sich, welche große Kraft diese innere Stille mitten im Sturm letzte Nacht in ihm entfalten konnte. Erst jetzt, wo er wirklich wach war, konnte er realisieren, was für ein enormes, was für ein wundervolles Geschenk das war. Stille zu spüren inmitten eines Sturms.

Mit einem Mal war da wieder so eine weiche Berührung in seinem Gesicht, nur für den Bruchteil einer Sekunde. Kurz darauf schon wieder, diesmal am Bauch. Er öffnete die Augen, und da rief es auch schon:

»Geh bitte mal rüber!«

Zuerst sah er niemanden, doch dann wuselte schon wieder jemand ganz nah an ihm vorbei und berührte ihn mit seinem Wuschelschwanz am Flügel.

Ein Eichhörnchen!

»He! Eichhörnchen, was wuselst du hier rum? Ich wache gerade erst auf, und du verbreitest so viel Unruhe!«

»Was, was, aufwachen? Der Tag hat längst begonnen. Und, mit Verlaub, du sitzt im Weg.«

»Wieso denn das? Du springst doch die ganze Zeit um mich herum, wie könnte dir etwas im Weg sitzen? Du rennst drumherum, darunter hindurch oder darüber hinweg.«

Das Eichhörnchen, das nach wie vor umherrannte und -sprang, entgegnete: »Das mag schon sein. Aber ich würde sehr gern einmal in diesen Winkel zwischen Stamm und Ast schauen, in dem du sitzt.«

»Warum denn das?«

»Heute Nacht hat mich der Sturm aus meiner Winterruhe geweckt, und jetzt möchte ich nachsehen, ob meine Vorräte noch alle an Ort und Stelle sind.«

»Und hier, wo ich sitze, hast du deine Vorräte?«

»Das könnte schon sein. Ich weiß es nicht mehr. Ich vergesse das immer ganz schnell wieder. Deswegen möchte ich nachschauen.«

»Du versteckst etwas, vergisst es und suchst es dann? Das klingt nicht sehr effektiv.«

»Warum denn nicht? Wir Eichhörnchen machen das schon immer so und wir kommen gut zurecht und können nicht klagen. Überhaupt: Effektiv, was soll das heißen?«

»Na zum Beispiel, dass du dir merkst, wo deine Vorräte liegen. Wahrscheinlich brauchst du dann weniger anzulegen und nicht so viel herumzurennen und andere Leute in ihrer Morgenruhe zu stören.«

»Und was soll ich dann den ganzen Tag über machen? Herumsitzen, so wie du? Ich genieße die Bewegung. Die Aktivität. Das Herumflitzen, das Springen und Laufen, geradeaus und in Kurven, kopfüber und kopfunter am Baumstamm entlang. Das ist herrlich. Das ist mein Leben.«

Trix überlegte.

»Ich glaube, ich verstehe, was du meinst. Für mich ist es das Fliegen. Aber«, er sackte ein wenig in sich zusammen, »manchmal macht es mir keinen Spaß. Dann wache ich morgens auf und habe gar keinen Schwung. Dann möchte ich überhaupt nicht fliegen. Nicht einmal laufen und mich am liebsten gar nicht bewegen.«

»Oje«, seufzte das Eichhörnchen und blieb mit einem Mal vor Trix auf seinem Ast sitzen. Es schaute ihn mitfühlend an. »Das muss aber schlimm sein. Wenn man keine Lust mehr hat, sich zu bewegen, lebt man denn dann überhaupt noch?«

»Naja, ich glaube schon. Ich denke dann viel nach. Über manches, was ich schon erlebt habe und was es bedeuten könnte. Und vor allem darüber, wie es weitergehen soll.«

»Während du still herumsitzt?« Das Eichhörnchen saß immer noch da und schüttelte ganz langsam den Kopf. Es war wirklich erstaunt über das, was der Rabe da sagte.

»Ja«, bestätigte Trix. »Nachts, wenn ich schlafe, ist der Körper auch still. Und dann eben noch ein bisschen länger. Aber das merke ich gar nicht, denn in meinem Kopf ist ganz viel los.«

Das Eichhörnchen schien ein bisschen erleichtert. »Na, dann ist es ja gut. Dann ist da doch noch ein bisschen Bewegung.«

»Hm«, machte Trix. »Jetzt, wo wir darüber sprechen, bin ich mir da gar nicht so sicher. Also, ob das gut ist. Denn manchmal werde ich immer trauriger, wenn ich da morgens so herumsitze und nachdenke.«

»Na, das würde mir auch so gehen.«

»Weißt du, jetzt gerade ist es auch ein bisschen so. In meinem Kopf ist so viel los, während ich still hier sitze. Und dann scheint mir alles ganz schön kompliziert.«

Das Eichhörnchen richtete sich auf, schüttelte sich kurz, raste an Trix vorbei einmal fünf Meter den Baum hinauf, drehte zwei Spiralen um den Baumstamm herum und war innerhalb von drei Sekunden wieder neben Trix.

»Nicht auszuhalten, so viel Denken! Ich muss mich bewegen, das ist mein Leben. Probier es mal aus!«

»Was?«, fragte Trix. »Ich weiß, wie es ist, sich zu bewegen. Was glaubst du denn? Aber jetzt habe ich keine Lust dazu.«

»Probier es trotzdem aus!« Das Eichhörnchen ließ nicht locker. »Los, beweg ich! Nachdenken kannst du später wieder. Ich kann das gar nicht mit ansehen!«

Trix wirkte bockig. »Ich will nicht. Erst recht nicht, wenn ich jetzt soll.«

»Ach, komm. Du tust es doch nicht für mich. Versuch es! Probier es einfach mal aus. Es gibt schließlich nichts Schöneres auf der Welt.«

Das Eichhörnchen überlegte kurz, rannte dann einmal den Ast, auf dem sie saßen, bis zur Spitze entlang, nutzte den Schwung, um auf einen weit ausladenden Ast eines anderen Baumes zu springen, raste dort wiederum den Ast entlang, den Stamm hinunter auf den Boden, von dort aus, um zwei Büsche herumwedelnd, wieder zum Stamm der Tanne und rasend schnell wieder zu Trix hinauf. »Also, jetzt machen wir ernst: Streck den Flügel nach außen.«

Trix war so überrascht von dieser konkreten Ansage, dass er spontan folgte. Er streckte den Flügel nach außen.

»Sehr gut«, lobte das Eichhörnchen. »Und nun den anderen … Und jetzt abwechselnd.«

Trix machte mit und fing auf einmal ganz von selbst an, in die wechselnden Bewegungen von rechts und links

auch die Beine miteinzubeziehen. Bald schien es, als
würde er tanzen. Und tatsächlich fühlte es sich auch so
an. Sein Atem ging tiefer, und er spürte, welch wunder-
volle Lebendigkeit in seinem Körper zu Hause war.

»Das ist ja ganz herrlich«, rief er. »Ich bewege mich
und damit kommen die Lebensgeister zu mir zurück.«

»Nicht schon wieder herumphilosophieren!«, sagte das
Eichhörnchen streng. »Komm, beweg dich weiter. Versuch mal, mich zu fangen.«

Trix hatte diese Worte gerade erst vernommen, da war
das Eichhörnchen schon hinauf auf die oberste Spitze der
Tanne gerast. Von Ast zu Ast hüpfte er hinterher. Kaum

hatte er den Baumwipfel erreicht, war das Eichhörnchen schon wieder, geschickt einige Äste nutzend, auf dem Nachbarbaum. Das war für Trix natürlich kein Problem, er breitete die Flügel aus und war ebenfalls drüben. Darüber war das Eichhörnchen ein wenig erschrocken, es hatte gar nicht damit gerechnet, dass dieser träge kleine Vogel plötzlich so schnell sein konnte. Doch Schnelligkeit war auch seine eigene Spezialität. Und so jagten die beiden einander eine ganze Zeit lang fröhlich zwischen den Bäumen und Ästen und Büschen.

Als hätten sie es abgesprochen, landeten sie nach ein paar Minuten ein wenig atemlos und dabei lachend wieder auf dem Ast, auf dem sie sich kennengelernt hatten.

»Das war herrlich!« Trix war begeistert. »Bevor wir es vergessen: Du wolltest doch noch nachschauen, ob du hier an diesem Ast etwas versteckt hast.«

»Danke, dass du mich daran erinnerst. Aber das habe ich längst.«

»Während wir hier herumgejagt sind?«

»Ja, genau. Wir Eichhörnchen verbinden immer die Freude mit dem Praktischen.«

»Also seid ihr doch effektiv«, lachte Trix.

Er ließ seinen Blick durch den Wald und hinüber auf die weite Wiese schweifen.

»Weißt du was?«, rief er plötzlich. »Ich denke jetzt ganz andere Gedanken. Ich freue mich, dass ich auf der Welt bin. Ich finde diese Rauhnächte toll und was ich da alles erlebe. Und ich bin gespannt, was die Zukunft bringt. Es wird vielleicht sogar ganz schön.«

»Warum auch nicht«, sagte das Eichhörnchen, als wäre es das Selbstverständlichste von der Welt.

Später am Abend, als sich beide schon längst voneinander verabschiedet hatten, kehrte Trix zur Schaukel zurück, um der alten Rabin seinen Tagesbericht zu hinterlassen. Er schrieb: »Heute, in der sechsten Rauhnacht, habe ich viel über die Kraft der Bewegung erfahren. Wenn ich meinen Körper bewege und dabei spüre und erlebe, dann verändert das meine Gedankenwelt. Alles wird lebendig, und die Freude kehrt zurück. Die Zukunft kann ich nicht kennen. Und über sie nachzudenken, tut oftmals einfach nur weh. Doch mein Körper und seine Lust an der Bewegung, die sind jetzt da. Und sie machen mich froh.«

Kurz bevor es ganz dunkel wurde, erhob sich Trix noch einmal in die Lüfte und drehte ein paar Kreise über dem Wald und der Wiese. Mit jedem Flügelschlag spürte er die pulsierende Lebendigkeit in seinem Körper. War sie nicht Wunder genug? Freude und Kraft? War sie nicht vielleicht sogar der Sinn von allem?

Ist doch gar nicht wichtig, dachte Trix. Das Leben will offenbar gelebt werden.

# Die Versöhnung der siebten Rauhnacht

Am nächsten Morgen war Trix schon recht früh auf den Beinen. Er streifte durch den Wald und machte sich einen Spaß daraus, immer möglichst auf der mittleren Ebene zu bleiben. Dort, wo die Äste und Zweige der Bäume am kräftigsten waren. Nicht zu weit in Richtung Boden und nicht zu weit gen Himmel. War es nicht herrlich, dass er laufen, springen *und* fliegen konnte?

Mitten im Hüpfen von Ast zu Ast dachte er plötzlich an die Stadt, und sie schien ihm gar nicht mehr so furchtbar. Auch dort konnte er laufen, springen und fliegen. Auch dort gab es andere Wesen, mit denen er sich austauschen konnte. Und natürlich seine Freunde.

Das allerdings war im Moment kein so gutes Stichwort. Fast augenblicklich fühlte sich Trix wieder schwächer. Hatte er denn überhaupt noch Freunde in der Stadt? Hatte Trine ihn schon vergessen? Spotteten Trubi und die anderen weiterhin über ihn? Und was war mit Tom? War er jetzt der Anführer ihrer Gruppe und würde verhindern, dass Trix jemals wieder zu ihnen dazukommen könnte?

»Schluss mit solchen Gedanken!«

Trix sprach ganz energisch mit sich selbst. Er konnte schließlich nicht wissen, was jetzt gerade in der Stadt bei seinen Freunden los war.

Er dachte an das Eichhörnchen und fing an, sich schneller zu bewegen. Immer weiter nach oben und dann flog er ein paar Kreise über dem Wald. Weite! Er brauchte Weite. Sie würde auch sein Herz wieder weit machen.

Er flog am Waldrand entlang und wollte schon auf einem der Bäume landen, da blitzte etwas Gelbliches zwischen den Ästen hindurch. Was war das?

Trix flog näher hin und da sah er, wie am Fuße eines Baumes zusammengekauert etwas saß.

Was war das?

Ein Rabe!

Tom!

Tatsächlich. Es war Tom. Ein wenig ramponiert, mit Staub auf dem Gefieder, ein paar Federn standen kreuz und quer, und er ließ den Kopf hängen.

Trix spürte, wie unwillkürlich Bewegung in sein Herz kam. Er konnte gar nichts dagegen machen: Sein Herz wurde weich und öffnete sich. Der arrogante Tom sah ganz klein und verletzlich aus.

Trix wusste nicht recht, wie er mit alldem umgehen sollte, und erhob sich deswegen lieber noch einmal weiter in die Lüfte, bevor Tom ihn entdecken würde.

Doch was sollte das? Schnell kam er wieder nach unten und landete ein paar Meter entfernt vor Tom auf dem Waldboden.

»He«, rief er und versuchte seiner Stimme einen festen und selbstsicheren Klang zu geben. »Was ist los mit dir? Was machst du hier?«

Irritiert schaute Tom auf.

»Hallo, Trix!« Er wirkte erstaunt, starrte Trix für einen Moment an und senkte dann den Blick. Kurz darauf schaute er wieder auf, aber wich dem Blick von Trix gleich noch mal aus.

So hockten sie da am Boden, schauten einander an und dann wieder nicht und keiner konnte etwas sagen. Trix sauste ganz viel gleichzeitig durch den Kopf – und Tom ging es wohl genauso.

Sie schwiegen.

Und schwiegen.

»Gefällt es dir nicht mehr in der tollen Stadt?«, fragte Trix schließlich, und sein Ton klang etwas schärfer, als er es beabsichtigt hatte. Irgendwie tat Tom ihm leid, er sah nicht besonders gut aus. Aber er hatte auch nicht vergessen, wie arrogant er sich immer verhalten hatte.

Tom schaute auf. »Ach, die Stadt. Sie ist laut und dreckig wie immer.«

Wieder schwiegen sie.

»Aber sie hat dir doch gefallen«, bohrte Trix nach.

Als Tom nicht antwortete, rief er: »Jetzt sag doch! Was ist passiert? Hier draußen im Wald können wir doch wie zwei vernünftige Raben miteinander reden.«

Er sah, wie Tom zögerte, sich dann ein wenig schüttelte, sodass sich zumindest schon mal etwas von dem Staub auf seinem Gefieder löste.

»Na gut«, sagte er dann. »Ich bin hier und ich wäre viel lieber in der Stadt. Dort bin ich zu Hause, dort kenne ich mich aus.«

»Und warum bist du nicht dortgeblieben? In deiner eckigen Welt?«

Tom zögerte erneut, dann platzte es aus ihm heraus: »Weil es ungemütlich wurde! Ständig gab es Streit. Als du weg warst, wurde es noch schlimmer. Und vor allem«, wieder machte Tom eine Pause, »weil Trine ständig von dir redet!«

»Von mir?!«

Trine redete ständig von ihm? In Trix überboten sich die Gefühle mit Angeboten, wie dieser Satz interpretiert werden könnte. Die Freude schlug Purzelbäume in seinem Bauch. Die Zweifel, ob das denn stimmen konnte, legten einen Schleier darüber. Die Traurigkeit über seine letzten Tage in der Stadt färbten das Bild dunkel. Die Hoffnung ließ immer wieder bunte Farbtupfer auftauchen.

So ein Durcheinander!

»Trine redet ständig von mir?«, wiederholte Trix.

»Naja, nicht ständig«, beschwichtigte Tom. »Bild dir ja nichts ein! Aber ja, schon recht oft. Es hat mir wirklich keinen Spaß mehr gemacht, das anzuhören. Ich habe sie offenbar überhaupt nicht mehr interessiert. Auf einmal fingen sogar alle an, über die eckige Welt zu schimpfen und das Schlechte daran aufzuzählen – als hätte ich es mitgebracht. Als wäre ich daran schuld, dass sich euer Leben verändert hat!«

Tom sah erschöpft aus.

Trix sortierte die eben vernommenen Worte und musste einsehen, dass da schon etwas dran war.

»Da kann ich mich nicht ausnehmen«, sagte er vorsichtig. »Tatsächlich war ich sauer auf dich, weil du immer damit angegeben hast, wie gut du in der eckigen Welt zurechtkommst.«

»Glaubst du, ich hatte es immer leicht? Auch ich habe mir viel erkämpfen müssen. Und ich wollte dein ständiges Gejammer nicht hören. Ich wollte euch doch nur aufbauen. Euch zeigen, dass es auch sehr schön ist, in der Stadt zu leben. Es hat viel Interessantes und Gutes. Man kann viel entdecken und gestalten.«

Trix dachte unwillkürlich an das Springerpferdchen und den Spaß, den es mit seinen Freunden beim Schachspielen hatte. An ihren gemeinsamen Flug über die Stadt. An die Ruhe, die er manchmal empfunden hatte, wenn er spätabends beim Sonnenuntergang auf dem Dach eines hohen Gebäudes gesessen hatte, während die Stadt unter ihnen allmählich zur Ruhe kam. Sicher, es war auch Gutes im Eckigen zu finden.

Tom fuhr fort: »Ich bin in der Stadt geboren und meine Familie hat mir alles gezeigt, was es braucht, um dort gut zu leben. Und dann traf ich dich, und du erzähltest ständig nur, was schlecht daran war. Das fühlte sich so an, als würdest du mich schlecht machen.«

»Das wollte ich nicht«, rief Trix ganz spontan und meinte es wirklich ehrlich. »Ich war einfach überfordert von dieser ganzen Veränderung und der Sorge um meine Bäume. Was glaubst du, wie schön wir es vorher hatten?«

Tom schloss kurz die Augen, als wollte er sich vergewissern, dass er das, was ihm durch den Sinn ging, wirklich sagen könne. Dann ließ er seinen Worten einfach freien Lauf: »Das war es ja genau. Du hast eine Sehnsucht in mir geweckt, die ich gar nicht kannte. An das, was ihr vorher hattet. Jetzt sehne ich mich auf irgendeine verdammte Weise danach, und gleichzeitig passt es offenbar nicht zu mir. Trine hat mich so lange genervt, dass wir herausfinden müssen, wo du bist, dass ich losgeflogen bin, um dich zu suchen. Das ist mir nicht leichtgefallen, glaub mir! Aber irgendwie wollte ich es tun. Wenn sie eben dich so gernhat und davon nicht abweicht.«

Trix schluckte betreten. Gleichzeitig explodierte ein großer süßer Ball der Freude in seinem Herzen.

Tom sprach weiter: »Seit drei Tagen bin ich jetzt hier draußen unterwegs. Ich kann das einfach nicht! Mir fehlt die Wärme, die nachts von den Schächten mancher Häuser aufsteigt. Mir fehlen all die leckeren Dinge, die irgendwo herumliegen, und die man nicht erst jagen oder suchen muss. Mir fehlen sogar diese ganzen chaotischen Aktivitäten so vieler Wesen, denen ich stundenlang zuschauen kann. Hier draußen fühle ich mich wie ein Häufchen Elend.« Er sah zu Trix. »Jetzt ist es schon etwas besser.«

»Weißt du was?«, rief Trix. »Du bist viel weniger doof, als ich dachte.«

Tom schaute ihn an und schien offenbar noch nicht entschieden zu haben, wie er auf diese Bemerkung reagieren sollte. Dann lachten beide gleichzeitig los.

»Das geht mir mit dir auch so«, gab Tom zu. »Wobei, so richtig doof fand ich dich eigentlich gar nicht. Ich war ein bisschen neidisch darauf, dass du eine andere Welt kennst als ich und in ihr so glücklich warst.«

»Und ich war neidisch darauf, dass du so cool mit der eckigen Welt umgehen kannst. Mir hat sie Angst gemacht und alle Freude genommen.«

Beide schwiegen und ließen das Gespräch mit seinen erstaunlichen Wendungen in sich nachwirken.

Dann verkündete Trix feierlich: »Das alles bedeutet doch vor allem, dass wir Raben in der Lage sind, in der eckigen Welt genauso gut zu leben wie hier draußen.«

Tom bestätigte: »Das stimmt. Du kannst das eine, ich das andere. Ich bleibe total gern in der eckigen Welt, ich bin ehrlich gesagt froh, wenn ich wieder dort bin. Wirst du denn wieder mitkommen?«

»Noch nicht«, sagte Trix und war selbst erstaunt darüber, wie selbstverständlich diese Antwort für ihn war. »Ich werde noch ein paar Tage hierbleiben. Ich habe noch einiges zu lernen. Im Moment bin ich ein bisschen durcheinander. Ich möchte erst wissen, was ich wirklich will. Wer ich bin. Und wohin ich gehöre.«

»Ich hätte gern einen Freund wie dich«, gestand Tom ganz offen. »Und ich würde mich freuen, wenn du wieder zu mir und den anderen kommst. Sie vermissen dich alle.«

»Es tut so gut, das zu hören«, seufzte Trix und verdrückte eine Träne. »Als ich hierherkam, dachte ich wirklich, dass mich niemand mehr leiden kann.«

»Der Satz hätte von mir sein können«, lachte Tom. »Als
ich die Stadt verließ, um dich zu suchen, dachte ich auch,
dass ich allen egal bin.«

»Wir denken offensichtlich manchmal einen ganz
schönen Blödsinn«, sagte Trix mit einem spitzbübischen

Lächeln. »Bitte grüß die anderen von mir, wenn du wieder in die eckige Welt fliegst. Wir werden uns sicher alle wiedersehen. Aber ich brauche noch ein bisschen Zeit.«

»Du machst einen guten Eindruck, muss ich sagen. Was auch immer du hier draußen treibst, es scheint zu funktionieren.«

»Danke, mein Freund«, sagte Trix und meinte es aus tiefstem Herzen.

Tom strahlte, und Trix konnte sich gar nicht mehr erinnern, was er so unmöglich an ihm gefunden hatte. Naja, zum Glück musste er das ja jetzt auch nicht mehr wissen.

Sie verabschiedeten sich, und Tom startete zum Rückflug in die eckige Welt. Trix blieb noch eine Weile dort, wo sie sich unterhalten hatten, und dachte über alles nach.

Wie sich die Dinge doch immer wieder veränderten. Und wo taten sie das? In seinem Kopf. In seinem Herzen. Und im Austausch mit anderen, die doch vielleicht alle potenzielle Freunde waren.

Er flog hinüber zur Schaukel, um aufzuschreiben, was ihm gerade wichtig war: »Liebe Rabin, das Leben ist wirklich ein Wunder. Heute, in der siebten Rauhnacht, durfte ich erfahren, dass ich Teil einer wirklich tollen Gemeinschaft bin. Ich fühlte mich ganz einsam, als ich hierherkam. Und plötzlich habe ich so viele Freunde – all die, die ich in den Rauhnächten hier kennenlernen durfte, meine

Rabenfamilie und den coolen Tom noch dazu. Wenn ich mich als Teil einer guten Gemeinschaft fühle, dann geht es mir gut. Wie könnte es anders sein?«

Als er den Brief unter dem Stein verstaut hatte, flog er auf einen Baum am Waldrand und schaute auf die weite Wiese hinaus. Eine feierliche Stille umgab ihn. Etwas Außergewöhnliches lag in der Luft. Eine Erwartung. Ein Wendepunkt. Es war, als würde er mit dem heutigen Abend einen Abschnitt seines Lebens abgeschlossen haben, während etwas Neues vor der Tür stand.

Aber was?

# Die Fülle der
# achten Rauhnacht

Trix hatte eine Zeit lang ganz ruhig auf seinem Ast gesessen und den tiefen Frieden in seinem Inneren genossen. Es tat so gut, sich mit Tom versöhnt zu haben. Es war wundervoll zu wissen, dass die anderen ihn niemals verstoßen hatten. Und dass Trine sich sicher freuen würde, wenn sie sich nach den Rauhnächten wiedersahen.

Diese Versöhnung hatte ihn mit noch so viel mehr versöhnt: mit der Phase der Trauer, die er durchlebt hatte, mit der Wut auf die anderen, von denen er sich abgelehnt gefühlt hatte. Mit der Unsicherheit und der Angst sogar. All diese Gefühle waren wie Stürme durch sein Inneres gefegt – das war nicht angenehm, doch es hatte ihm seine ganze vielfältige Lebendigkeit offenbart. Und es hatte ihn auf diesen Weg geführt. Zu diesem Moment, jetzt hier in diesem seligen Frieden in dieser Nacht auf seinem Ast.

Noch immer spürte er, dass dies – auch wenn Rauhnächte waren und sowieso alles außergewöhnlich war –

eine ganz besonders außergewöhnliche Nacht sein musste. Etwas lag in der Luft und Trix hatte keine Lust, hier weiter allein herumzusitzen. Ohne lange nachzudenken erhob er sich in die Lüfte und flog ein Stück in Richtung der Stadt. Sein Herz sehnte sich nach Trine und nach der Gesellschaft seiner Freunde. Doch er spürte auch, dass es noch nicht an der Zeit war, zu ihnen zurückzukehren. Ein bisschen in ihre Richtung zu fliegen konnte aber sicher nicht schaden.

So setzte er sich auf den Ast einer hohen Eiche, von der aus er bereits die Silhouetten einiger Häuserzeilen erkennen konnte. Dort nickte er immer wieder ein, bis ihn schließlich ein Zischen und Krachen, ein Donnern und Knallen weckte. Trix schreckte hoch, riss die Augen auf – und wäre vor Staunen fast von seinem Ast gefallen. Der Himmel über der Stadt war plötzlich von leuchtenden Farbspielen erfüllt. Tausende kleine Raketen schossen in den Himmel und zogen unzählige glitzernde, strahlende Schweife in allen nur denkbaren Farben hinter sich her. Der ganze Himmel war ein einziges Feuerwerk. Die bunten Lichter schossen nach oben in den Himmel und kamen tausendfach, millionenfach wieder nach unten. Es regnete Sterne, so schien es Trix. Und er breitete die Flügel aus, hob von seinem Ast ab und flog noch etwas näher heran an dieses zauberhaft bunte, so unglaubliche Spektakel aus Licht.

Im Flug hatte er den Eindruck, als würden die herab-
rieselnden blauen und roten, gelben und grünen, orangen
und violetten Sterne auf ihn herabfallen. Wie ein riesen-
großer Spaß des Himmels. Und: wie ein Segen. Trix hatte
das Gefühl, als wäre dieser märchenhafte Lichtregen nur
für ihn da. Er nahm all diese Schönheit in sich auf, und
sein Herz lachte.

Je mehr er sich der Stadt näherte, umso lauter wurde
das Tosen und Donnern. Also setzte er sich lieber in einem angenehmen Abstand erneut auf einen Baum, um

das Schauspiel vor allem mit seinen Augen – und mit seinem Herzen – genießen zu können.

»Ein frohes neues Jahr!«, rief ihm da ein Bussard zu, der ebenfalls von einem Baum aus das Spektakel betrachtete. Als er den erstaunten Blick von Trix sah, lachte er: »Weißt du nicht, dass heute Silvester ist? Ein neues Jahr beginnt und die Menschen feiern es mit einem solchen Feuerwerk. Es ist furchtbar laut und stinkt. Aber es ist auch wunderschön, findest du nicht?«

»Ja«, antwortete Trix. Mehr Worte waren gar nicht in ihm. So verzaubert war er vom Anblick dieses farbenprächtig flackernden Himmels.

»Dir auch ein frohes neues Jahr«, schickte er nach ein paar Momenten des Schweigens noch hinterher.

Es hatte also ein neues Jahr begonnen. Tatsächlich war etwas zu Ende gegangen und etwas Neues hatte ihm die Türen geöffnet. Ein ganz neuer Raum für Entdeckungen und Abenteuer, für Gefühle und Erfahrungen. Trix spürte, wie reich sein Leben war.

Das große Feuerwerk ließ allmählich nach. Ab und zu gab es hier und dort noch eine Explosion von Lichtsplittern, doch insgesamt traten wieder Ruhe und Dunkelheit ein. Trix schlief immer wieder ein und träumte von zahlreichen Wesen, die ebenso wie seine Freunde die eckige Welt bewohnten. Er sah Tom vor sich, der sich in einer kalten Winternacht auf das Dach eines Hauses neben einen Schacht gekuschelt hatte, aus dem warme Luft nach oben strömte. Genüsslich hockte er dort und schaute auf die ringsherum tanzenden Schneeflocken, die im bunten Licht von Reklametafeln und Schaufenstern in allen Farben glitzerten.

Er sah in der sommerlichen Stadt eine Amsel, die an einem Springbrunnen badete und sich voller Freude und Hingabe im sprudelnden Wasser putzte. Ein Engel aus Stein, der neben der Fontäne stand, zwinkerte Trix amüsiert zu. Auf einer Terrasse standen große runde Sonnenschirme, und es ertönte Musik. Trine war plötzlich neben ihm, und sie tanzten wild und selbstvergessen zu diesen herrlichen Tönen der Freiheit, der Lust und der Lebensfreude. Ringsherum blühten und dufteten zahllose bunte Blumen in ihren Beeten.

So viel Rundes auch in der eckigen Welt!

Diese Worte waren in Trix' Kopf, als er kurz aus seinen Träumen erwachte. Er spürte noch, wie weit sich sein Herz geöffnet hatte, nickte gleich wieder ein und träumte weiter. Er sah einen Schwan in seinem wundervoll weiß glänzenden Federkleid. Elegant und stolz sonnte er sich in der Bewunderung aller, die ihn auf dem kleinen Teich im Stadtpark sahen. Ein paar Mäuse huschten vorbei und erzählten Trix von ihrem fröhlichen Leben in einem Hinterhof, der ihnen alles bot, was sie brauchten. »Es ist alles da«, wisperten sie ihm zu, »du brauchst es nicht einmal zu suchen, du musst es nur finden. Du musst dich nur dafür öffnen.« Ein Hase zeigte ihm seinen Bau, den er mit Stoff ausgelegt hatte, kuschelig und gemütlich. »So etwas liegt hier einfach herum, man braucht es sich nur zu nehmen«, erklärte er. Eine Elster nickt bestätigend: »Die reinste Schatztruhe, so eine Stadt. Du musst nur zugreifen.«

Eine Horde Spatzen rauschte an Trix vorbei. Gleich darauf riefen sie aus einem Busch heraus alle durcheinander: »Wir schnappen den Menschen manchmal Krümel vom Teller. Viele mögen das. Sie haben Spaß dabei. Du

kannst mit ihnen deinen Schabernack treiben. Die meisten lachen gern.«

Ein alter schwarzer Kater stolzierte heran, und die Spatzen stoben auseinander. »Komm einmal mit mir. Lass uns nachts durch die Straßen strawanzen und über die Dächer streifen. Hier gibt es jede Menge Abenteuer, jede Menge zu entdecken. Und wenn du deine Ruhe haben willst, findest du immer irgendwo ein kuscheliges Plätzchen.«

Als Trix erwachte, lag ein Lächeln auf seinem Gesicht. Diese eckige Welt bot so viel mehr, als er gedacht hatte. Frieden und Stille konnte er hier genauso erleben, wie er seiner Neugier und seiner Entdeckerlust nachgehen konnte. Eine solche Fülle! Und er hatte sie zusätzlich zu dem, was er draußen im Wald und auf der weiten Wiese, hoch oben in der Luft und unten an dem kleinen Tümpel neben der Buche erleben durfte. So viele Welten! So viel Lebendigkeit für alle, die sie wahrzunehmen in der Lage waren. So viele Möglichkeiten für alle, die sich dafür öffneten.

So begann das neue Jahr für Trix mit einem weit geöffneten Herzen, in dem sich die unendliche Fülle all dessen widerspiegelte, was er in seinem jungen Leben bereits gesehen und gehört, erfahren und durchfühlt, bestaunt und gestaltet hatte.

# Die Intuition der neunten Rauhnacht

Am Neujahrsabend hatte es Trix wieder hinaus in den Wald gezogen. Die Stadt hatte ihm ihre sehr schönen Seiten offenbart, und er freute sich, jetzt wieder auf der Schaukel inmitten der Bäume zu sitzen, in Ruhe nachzudenken und die berührenden ebenso wie die aufregenden Eindrücke in sich nachwirken zu lassen. Er genoss es, die vielen Bilder und Gerüche, Worte und Empfindungen zu sortieren und sich Zeit zu geben, um alles sacken zu lassen.

Als er am nächsten Morgen erwachte, hatte er den Impuls, den Wald zu verlassen und auf der weiten Wiese in eine Richtung zu fliegen, in der er bislang kaum unterwegs gewesen war. So machte er sich auf den Weg, flog ein paar Minuten lang und wunderte sich dabei, warum er das eigentlich tat. Ein feiner Regen sprühte ihm entgegen, während er die Sonne vor sich hatte. Eine eigentümlich schöne Stimmung. Doch wohin wollte er?

Auf einem knorrigen, längst abgestorbenen Baum irgendwo auf der großen Wiese landete Trix schließlich. Er wusste nicht, wozu er noch weiter hier hinaus fliegen sollte. So setzte er sich auf einen der kahlen Äste. Er schloss die Augen, um die Wärme der Sonnenstrahlen auf seinem Gesicht zu genießen. Und da rief ihm die gleiche innere Stimme, die ihn aus dem Wald gelockt hatte, erneut etwas zu: Er spürte den Impuls, sich umzudrehen. Sich weg von der Sonne zu drehen, nach der er sich doch stets so gern orientierte.

So wechselte Trix auf seinem Ast die Richtung, um einhundertachtzig Grad, und kaum hatte er sich zurechtgesetzt, da erblickte er vor sich am Himmel einen riesigen Regenbogen. Er reichte vom einen Ende des Horizonts über einen großen weiten Bogen bis zum anderen. All seine Farben waren leuchtend und strahlend. Unten das kraftvolle Rot, dann das leuchtende Orange. Darüber das helle, strahlende Gelb, das unvergleichlich zart in Grün überging. Beinahe unwirklich schimmerte das Blau darüber, und schließlich kam ein glänzendes Violett, das sich zum Rand hin leicht verdunkelte. Welch ein Naturschauspiel!

Zu diesem Anblick war er also gelockt worden.

Doch von wem eigentlich?

Trix betrachtete den Regenbogen und flog plötzlich, ohne dass er hätte sagen können, warum, auf ihn zu. Die Farben zogen ihn magisch an. Er kam ihnen immer näher und spürte bereits einen irgendwie mystisch wirkenden Nebel, der sie umhüllte.

So nah war er dem Regenbogen gekommen, dass er all die Farben wie durchscheinende, ineinander übergehende Schleier aus buntem Nebel, aus sprühendem Licht direkt vor sich wahrnahm. Und da gewahrte er mit einem Mal auch die Äste eines riesigen und zugleich sehr zarten Baumes, der nicht von dieser Welt zu sein schien. Er grünte zart, mitten im Winter, und seine Äste ragten in das Regenbogenspiel aus Licht hinein. Sie luden ihn ein, mitten darinnen Platz zu nehmen.

Trix setzte sich also auf einen dieser Äste und konnte nicht anders, als vorsichtig die Flügel auszubreiten, um dieses Farbenwunder um sich her ganz in sich aufzunehmen. Mit jeder Zelle wollte er es spüren.

Da geriet vor ihm plötzlich etwas in Bewegung. In den Farben des Regenbogens tauchte nur ein wenig von Trix entfernt eine Schlange auf, groß und majestätisch, auch sie wie nicht von dieser Welt. Sie schlang sich um ein paar kräftige Äste und richtete ihren Kopf so auf, dass Trix ihr in die Augen schauen konnte. Der Rabe war so sehr fasziniert, dass er weder erschrecken noch irgendetwas sagen konnte. Er blickte nur stumm in diese Augen, die alles, einfach alles zu enthalten schienen. Alle Farben dieser Welt ebenso wie die große weite Leere des Alls. Das Alles und das Nichts.

Die Zeit stand still.

»Ich grüße dich, Trix«, sagte die Schlange mit einem Mal. »Ich freue mich, dass du zu mir gefunden hast.«

»Guten Tag«, antwortet Trix ein wenig eingeschüchtert. »Mir scheint, ich wurde hierhergeführt. Ich konnte kaum anders, und jetzt bin ich da und wüsste zu gern, wer du bist.«

»Ich bin die Regenbogenschlange, die Schöpferkraft, die Himmel und Erde verbindet. Deine Intuition hat dich zu mir geführt, weil du hier etwas finden kannst, was für deine weitere Reise ganz wesentlich sein wird. Du bist hier eingeladen, in die einzelnen Farben des Regenbogens einzutauchen und dich von ihnen stärken, reinigen und verwandeln zu lassen. Bist du bereit?«

Trix nickte und fühlte ein sehnsuchtsvolles Ja in seinem ganzen Körper.

War das nicht fantastisch? Einer Schöpfergottheit zu begegnen – und dann so ein Angebot zu erhalten. Was für eine Zeit, diese Rauhnächte!

Vor Trix schimmerte das magische Rot des Regenbogens, und da umfing es ihn auch schon und hüllte ihn rundherum ein. Rings um ihn, überall dieses unvergleichliche Rot. Stabil fühlte er sich und ganz mit dem Ast, auf dem er saß, mit dem Baum und überhaupt mit der Erde verbunden. Er genoss diese tiefe Erfahrung von Stärke und Erdung und sah, wie die Schlange ihm in großer Ruhe zunickte.

Da zog das Orange seinen lichten Nebel um ihn und brachte seinen ganzen Körper in eine leichte, beschwingte Bewegung. Trix ließ sich in die Faszination der Farbe Orange hineinfallen. Er spürte ganz und gar: Leben ist Freude. Leben ist beglückende Leichtigkeit.

Nachdem er ausgiebig darin gebadet hatte, zog das Orange wie von magischer Hand weiter und machte dem Gelb Platz. So tauchte Trix ganz ein in diese Sphäre des Regenbogens, in das Gelb, das ihn jetzt vollständig umhüllte. Leicht fühlte er sich dabei, flexibel und klar. Gesegnet mit einer kraftvollen Mitte.

Gleich darauf kam das Grün auf ihn zu, voller Frische. Schon umhüllte es ihn in seiner großen Lebendigkeit und zeigte ihm, dass auch er ein Teil des irdischen Wachsens und Werdens war. Ja, die Natur lebte auch in ihm. Es war ihm, als würde er in diesem Moment alle Zusammenhänge von Natur und Leben, von Innenwelt und Umwelt, ja selbst von der eckigen Welt verstehen.

Er genoss den Tanz der Farben, dieses Spiel des Lebens, diese pure Magie. Beinahe unmerklich verwandelte sich das Grün nun in lichte Blautöne. Trix folgte dieser Verwandlung voller Freude und breitete seine Flügel aus. Er dehnte sich hinein in dieses angenehme Blau. Wie selbstverständlich harmonierten Geist und Körper. Er wusste in diesem Augenblick, dass er immer die stimmige Richtung einschlagen würde, wenn er seiner inneren Stimme vertraute. Diesem Ahnen, diesem Wissen, dem einfach die passenden Taten folgten. Seine Intuition würde ihn immer seinen ureigenen Tanz des Lebens tanzen lassen. Dem ganz hingegeben bewegte sich Trix in diesem lichten Nebelblau.

Allmählich verwandelte es sich in ein betörendes Violett, das ihn innerlich noch weiter werden ließ. Trix hatte den Eindruck, es würde sogar seine Seele berühren. Ganz still wurde er, während er spürte, wie er eins wurde mit diesem Violett. Und überhaupt, mit allem um ihn her. Seine Grenzen lösten sich auf, und zugleich war er doch ganz wesentlich er selbst. Er, Trix, in der vollen Größe und Schönheit, die sich seine Seele für dieses Leben erträumt hatte.

Trix badete im Reichtum der Farben. Leicht und frei tanzte er nun durch die Sphären des Regenbogens. Überglücklich und kraftvoll. Er wechselte von Farbe zu Farbe, von Schwingung zu Schwingung.

»Sie alle sind auch ich. Sie alle sind in mir«, rief er und schaute hinüber zur Regenbogenschlange.

Sie nickte leicht und freundlich mit ihrem Kopf. »Alles steht dir zur Verfügung. Alles ist in dir. Alles kommt aus den Farben des Regenbogens, und du trägst sein Gewand. Wisse: Immer, wenn du aus dem heraus handelst, was dir dein Innerstes rät, dann ist der Regenbogen bei dir. Dann stützt und stärkt, verzaubert und heilt er dich.«

Ehrfürchtig nahm Trix diese Worte in sich auf.

Da umhüllte ihn mit einem Mal ein schwarzer Nebel. Ebenso fein wie die farbigen und dabei tief dunkel. Trix hörte die Stimme der Schlange flüstern: »Dies ist das Schwarz, das alles andere beinhaltet. Es ist der Samen, aus dem sich alles gebiert. Hierhin kehren alle Farben zurück und von hier aus gehen sie neu ins Leben hinein. Immer und immer wieder. Hier beginnen und hier enden alle Wege. Doch nur scheinbar. Denn hier schließen sich Kreise und verflechten sich Zyklen. Und die Stimme tief in dir, sie weiß Bescheid.«

Trix wusste nicht recht, ob er verstand, was die Regenbogenschlange zu ihm gesprochen hatte. Doch er fühlte eine große Stimmigkeit und nahm diese erstaunlichen Energien und Informationen einfach in sich auf.

Dann durchfuhr ihn mit einem Mal ein Kribbeln, und er schüttelte sein Gefieder.

Und plötzlich saß er auf seinem kahlen Ast. Mitten in der Welt. Der ganz normalen Welt. Wenn auch immer noch der Welt der Rauhnächte.

Da war die Wiese. Und dort hinten war sein Wald. Die Luft war klar, die Sonne schickte ihre Strahlen hinab, und der Regenbogen war verschwunden. Auch die Schlange schien plötzlich nur ein Traum gewesen zu sein. Diese Schöpferkraft mit ihrem sphärischen Spiel der Farbenergien. Diese Kraft der Transformation aus einer anderen Welt, die zu normalen Zeiten wohl hinter einem der Schleier verborgen blieb, der die Welten trennte.

Für Trix hatte sie ihr Wirken ganz deutlich gezeigt. Er war tatsächlich nicht mehr der Gleiche. Es war ein Vertrauen in ihm gewachsen. Ein Vertrauen in diese Stimme seiner Intuition. Was auch immer es war, welche Instanz auch immer sie steuerte – was da aus seinem Bauch heraus Impulse gab, wusste offenbar genau, was für ihn gut und richtig war. Oder besser noch: stimmig.

Genau jetzt sagte ihm diese Stimme, dass es gut sei, den Körper zu bewegen und zurück zum Wald zu fliegen. Trix bedankte sich mit geschlossenen Augen noch bei der Regenbogenschlange – mochte sie real bei ihm oder nur ein Traumbild gewesen sein. Ihr begegnet zu sein, würde sein Inneres für immer bereichern.

Dann erhob sich Trix in die Lüfte und schmetterte vom Himmel herab ein kraftvolles Lied. Ein Lied der Freude und des Übermuts.

War das Leben nicht wundervoll!

Als er etwas später wieder an der Schaukel ankam, schrieb er der alten Rabin einen Brief. Es tat ihm gut, seine Erfahrungen der letzten beiden Rauhnächte in Worte zu fassen. Worte, die letztlich nicht genau wiedergeben konnten, was er erlebt, erahnt, erkannt hatte. Aber doch so ungefähr.

Er schrieb: »In der achten Rauhnacht begriff ich, welch unglaubliche Fülle das Leben bereithält. Hier draußen sowieso, aber auch in der eckigen Welt ist alles, alles da. Wenn man es sieht. Und das Beste, Stimmigste sehe ich, wenn ich meiner Intuition folge, der Stimme in meinem Bauch. Das lernte ich in der neunten Rauhnacht. So ist alles in der Welt und alles ist in mir. Und die Intuition verbindet die Welten und führt mich durch diese Fülle. Liebe Rabin, diese Reise durch die Rauhnächte ist ein Wunder und ein Abenteuer. Ich danke dir.«

# Die Gegenwärtigkeit der zehnten Rauhnacht

Trix döste auf der Schaukel, die ganz leicht vor- und zurückschwang. Er spürte dem großen Reichtum all der Erfahrungen und Begegnungen der letzten Tage nach und konnte nicht verhindern, dass seine Gedanken auch immer wieder nach vorn wanderten, in die Zeit der Rückkehr zu seinen Freunden und damit auch in die eckige Welt. Er fühlte sich ganz gut, wenn er daran dachte. Kein Vergleich zu der Zeit, als er hier im Wald angekommen und der alten Rabin begegnet war. Dennoch, wie es wirklich werden würde, das wusste er nicht.

»Das weiß niemand.«

Träumte er? Wer hatte diesen Satz gesagt?

Trix schaute sich um. Da bemerkte er am Fuße des Baumes ein Rascheln im Laub. Ein Igel machte sich dort zu schaffen.

»Ich grüße dich«, sagte er beiläufig und wühlte schon wieder in den alten, trockenen Blättern am Boden.

»Hallo Igel«, entgegnete Trix. »Machst du eine Pause vom Winterschlaf?«

»Ja, so kalt ist es ja nicht. Manchmal tut es mir gut, ein bisschen unterwegs zu sein.«

»Warum hast du gesagt: ›Das weiß niemand.‹?«

»Weil es so ist. Niemand weiß, was werden wird.«

»Aber hast du denn meine Gedanken gelesen? Du kennst mich doch gar nicht, und wir haben noch nie miteinander gesprochen.«

»Ach, das habe ich dir angesehen. Dass du über die Zukunft nachdenkst und gern wissen würdest, wie sie aussieht. Und die einzig richtige Antwort darauf ist: Das weiß niemand. Niemand kennt die Zukunft.«

»Wahrscheinlich hast du recht«, sagte Trix nachdenklich. »Ich weiß nur noch nicht, wie ich damit umgehen soll. Schließlich hängt doch alles davon ab, wie die Zukunft wird.«

»Was denn zum Beispiel?« Der Igel hielt in seinem Rascheln inne und schien aufmerksam zuhören zu wollen.

»Na, alles!«. wiederholte Trix energisch. »Ob es mir gut geht. Ob ich Freunde habe. Ob ich immer genug zu essen finde und einen Platz zum Schlafen. Alles.«

»Geht es dir denn jetzt gut? In diesem Moment?«

Trix überlegte. Oder besser: Er spürte nach. Er sah sich um. Ganz wach für den gegenwärtigen Augenblick.

»Ja, jetzt geht es mir gut.« Er lächelte.

»Na, dann ist ja gut«, sagte der Igel zufrieden und widmete sich wieder seinem Laub.

Trix genoss das leichte Schaukeln und die Stille des Waldes. Sie umhüllte das Rascheln, das der Igel unermüdlich im Laub veranstaltete. Die Stille war viel größer. Sie hüllte diesen Augenblick ein und es schien nichts anderes zu geben.

»Vielleicht, ich weiß es nicht genau, aber vielleicht«, hob Trix wieder an zu sprechen, »vielleicht reicht es ja aus, wenn es mir jetzt gut geht. Und morgen ist wieder jetzt. Und übermorgen. So wie gestern jetzt war und vor ein paar Tagen. Es ging mir nicht immer gut, aber ich war immer am Leben. Und immer ging es irgendwie weiter. Ziemlich gut sogar.«

Er wurde wieder still, um seine eigenen Worte in sich nachwirken zu lassen.

Ein wenig unsicher wandte er sich dann erneut an den Igel: »Meinst du, das stimmt so. Das reicht schon aus? Das Jetzt? Das Erleben im Jetzt?«

Der Igel hörte auf zu rascheln, schaute Trix an und meinte: »Ich denke schon.« Nach einer Pause fügte er hinzu: »Du kannst nur jetzt den Garten deines Lebens pflegen. Immer nur im Jetzt. Und doch mit einem Gespür für das morgige Jetzt.«

»Den Garten meines Lebens? Das klingt aber schön«, sagte Trix andächtig. »Wo finde ich den?«

»Was glaubst du?«

Trix schaute sich rings umher um, dachte an die weite Wiese, an seine Walnussbäume, an deren Stelle jetzt Häuser gebaut wurden. Er zuckte mit den Schultern.

»Wenn du willst, zeige ich dir etwas. Es ist ein Stück weg von hier, am Rand der Stadt. Lass uns dorthin gehen. Ich denke, dann verstehst du es besser.«

»Sehr gern. Vielen Dank. Wo geht es lang?«

Der Igel zeigte zwischen zwei kleinen Tannen hindurch in eine Richtung, in die Trix noch nie geflogen war. Durchaus würde man auch dort entlang zur Stadt kommen, aber wohl an eine ganz andere Stelle.

»Dorthin fliegst du, und bevor die Stadt beginnt, werde ich dich an einer ganz bestimmten Stelle erwarten.«

»Was?« Trix schaute auf den kleinen Igel mit seinen kurzen Beinen. Er konnte sich ein wenig Spott in seiner Stimme nicht verkneifen: »Wie willst du das denn machen? Nichts für ungut, aber ich werde sehr viel schneller dort sein als du. Wahrscheinlich ein paar Tage früher!«

»Das lass mal meine Sorge sein. Ich werde vor dir dort sein und dich erwarten. Du darfst nur nicht zu hoch fliegen, damit du mich auch siehst.«

»Lieber Igel, das funktioniert nicht. Ich bin sehr viel schneller als du.«

»Überschätz dich mal nicht«, sagte der Igel großväterlich. »Vertrau mir. Flieg einfach los. Am Ziel stehen ein paar Walnussbäume, die du bestimmt erkennst, obwohl sie jetzt im Winter ohne Blätter sind. Dort werde ich dich erwarten.«

»Na gut«, willigte Trix ein. »Ich kann dir ja dann ein Stück entgegenkommen, wenn ich dich bei den Bäumen nicht antreffen sollte. Könnte ja sein …«

Der Igel setzte sich auf seine Hinterbeine, steckte zwei Finger in den Mund und ließ einen lauten Pfiff hören. Der hallte erstaunlich weit durch den Wald und schien sich immer wieder zu erneuern. Der Igel selbst lauschte ihm und ließ sich dann zufrieden wieder auf alle viere hinab.

»Es kann losgehen«, sagte er zu Trix und wanderte ganz gemütlich in Richtung der beiden Tannen.

Trix grinste ein wenig und hob dann in aller Ruhe ab, um ebenfalls in Richtung der kleinen Tannen loszuziehen. Er ließ sich alle Zeit der Welt, doch fliegen kann man nun einmal nicht allzu langsam. So kam die Stadt immer näher, und er hielt Ausschau nach den Walnussbäumen. Den Igel erwartete er selbstverständlich nicht zu sehen. Der würde noch ziemlich lange unterwegs sein.

Was Trix nun unter sich erblickte, wirkte wie eine Schwelle zwischen der Waldwelt und der eckigen Welt. Ein kleines Zwischenreich mit Bäumen und grünen Flächen, die im Sommer sicher sehr viel prächtiger sein würden. Und dazwischen immer wieder Eckiges. Ein paar wenige kleine Häuschen. Eckige Strukturen aus Stein am

Boden, ein paar Zäune hier und dort. Und schließlich tatsächlich ein paar Walnussbäume. Als Trix sie sah, schlug sein Herz höher. Es war ein wundervoller Ort. Er fühlte sich sofort wohl hier. Seltsam zu Hause. Obwohl er noch nicht mal gelandet war.

Er dachte, dass er bei diesen Bäumen die Zeit verbringen und auch übernachten könnte, bis der Igel irgendwann hier eintreffen würde.

Doch während Trix auf die Walnussbäume zusteuerte, entdeckte er zu seinem großen Erstaunen am Fuße eines der Bäume … tatsächlich … den Igel, der ihm fröhlich zuwinkte.

»Das kann doch wohl nicht wahr sein!«, rief Trix, während er vor dem Igel im winterlich matten Gras landete. »Wie konntest du so schnell hier sein?«

»Na, so wie immer«, grinste der Igel. »Ich grüße dich.«

Trix war sprachlos. Er starrte den Igel an und konnte überhaupt nichts sagen.

»Ick bin allhier«, rief der Igel und lachte.

Keine Reaktion bei Trix. Er starrte einfach weiterhin das kurzbeinige Stacheltier an. Dann hörte er ein Rascheln ein paar Meter entfernt und schaute dorthin. Ein weiterer Igel. Und dahinter noch ein kleinerer.

»Ihr seid viele«, stammelte Trix.

»Natürlich sind wir viele«, der Igel direkt vor ihm schüttelte sich mittlerweile vor Lachen. »Es ist gut, wenn man viele ist. Gemeinschaft ist wichtig. Dann kann man sich absprechen, sich unterstützen und das Leben gut meistern. Und man kann sich manchmal auch einen kleinen Spaß erlauben.«

Trix war immer noch irritiert.

»Du bist nicht der Igel, den ich vorhin getroffen habe, richtig?«

»Bingo! Gut kombiniert. Der Trick klappt seit Jahrhunderten.« Zufrieden lachte der Igel in sich hinein. »Ich bin übrigens eine Igelin. Aber was kann ich für dich tun?«

»Dein Kollege wollte mir zeigen, was es mit meinem Garten des Lebens auf sich hat.«

»Oh, ich verstehe. Dann komm mal mit.«

Die Igelin tippelte voraus, und Trix spazierte hinterdrein. Sie schlüpfte unter den Latten eines Zaunes hindurch, und Trix brauchte seine Flügel kaum auszubreiten, um über diese Absperrung hinwegzuspringen. Dahinter war die Erde aufgegraben, teilweise zu Haufen aufgeschüttet, alles wirkte recht durcheinander. In einer Ecke innerhalb der Umzäunung waren rechteckige Flächen angelegt, von ein paar Sträuchern umgrenzt. Alles wirkte roh und unfertig. Irgendwie hoffnungsvoll, aber zugleich noch recht unklar.

»Was soll das hier werden?«, fragte Trix seine Begleiterin.

»Das ist ein Garten, den jemand gerade erst anlegt. Das volle Potenzial. Hier könnte in ein paar Jahren alles leer, chaotisch und unschön aussehen – und genauso gut könnte auch ein Paradies entstanden sein. So wie hier nebenan. Oder auch noch mal ganz anders. Momentan ist alles offen. Alles möglich.«

Die Igelin huschte an der anderen Seite des Grundstücks erneut unter dem Zaun hindurch in den Nachbargarten. Trix folgte ihr und entdeckte dort eine völlig andere Situation.

»Hier ist es ja wunderschön! Das erkennt man sogar im Winter«, rief er.

Und tatsächlich waren hier in geschwungenen Linien Beete angelegt, Rosensträucher umrankten kleine Sitzecken, und überall ruhten Sträucher in Erwartung des nächsten Sommers, in dem sie wieder voller bunter und saftiger Beeren stehen würden. Trix konnte förmlich sehen, wie grün und üppig hier in wenigen Monaten alles wieder sein würde. Wie nahrhaft die Gemüse in den Beeten hocken würden, wie köstlich das Obst der Reife entgegenleuchten würde.

»So ein herrlicher Garten!« Noch einmal gab Trix seiner Bewunderung Ausdruck.

Die Igelin nickte. »Ja, hier lässt es sich gut leben. Und weißt du, was den Unterschied zwischen diesen beiden Gärten ausmacht?«

Trix überlegte nicht lange: »Wahrscheinlich eine Menge Arbeit.«

»Das kann man so sehen. Ich würde sagen, es ist die kontinuierliche Pflege und Liebe, die man seinem Garten geben muss, die Aufmerksamkeit und Fürsorge, damit er ein solches Paradies wird. Doch genau diese Pflege und Liebe und Sorgfalt macht Freude und bereichert an sich schon das Leben. In jedem Moment. Denn tun kannst du alles nur im Jetzt. Im Jetzt bereitest du das Morgen vor und bist doch ganz gegenwärtig. Nur der Moment zählt. Du schenkst deinem Garten die Pflege, die er braucht. Und du fühlst dich erfüllt, ganz gleich, was daraus entstehen mag. Die Zukunft kennen wir nicht. Doch mit Fürsorge für deinen Garten ist eine reiche Ernte viel wahrscheinlicher. Sie kommt dann noch obendrauf.«

»Das kann ich spüren«, freute sich Trix. »Wirklich. Es ist ja wie in meinem Leben! Als ich vor ein paar Tagen hier im Wald ankam, war ich wahrscheinlich in einem Zustand wie dieser Garten da drüben. Aufgewühlt und durcheinander. Vielleicht mit Potenzial, aber das konnte ich selbst nicht einmal mehr wahrnehmen. Und jetzt, jetzt ist mein Leben noch kein paradiesischer Garten, aber es hat so viel an Farbe und Freude, an Zuversicht und an Fülle gewonnen.«

»Und wodurch kam das?«, fragte die Igelin sanft.

»Mir haben viele Wesen geholfen, eine alte weise Rabin, einige Bäume, ein Uhu und ein Hecht, eine Drachin, ein Fuchs, mein Seelenvogel, der Springer von einem Schachbrett sogar, ein Eichhörnchen. Und natürlich meine Rabenbrüder und -schwestern, die immer in meinem Herzen sind.«

Die Igelin schluckte. Die Worte von Trix berührten sie.

Trix bemerkte das nicht und sprach weiter: »Wenn ich es recht bedenke, dann war es aber noch mehr. Der Zauber der Rauhnächte hat mich so viel gelehrt. Und irgendwie ging es immer darum, bei mir selbst anzukommen. Mir selbst und dem Leben zu vertrauen. Immer im gegenwärtigen Moment. Und das ist doch eigentlich die Pflege meines Lebensgartens, oder?«

»Was denkst du?«

Trix schloss die Augen, atmete tief ein und aus und sagte schließlich: »Ja, so ist es. Ich habe in diesen Rauhnächten den Garten meines Lebens gepflegt und ihm Liebe geschenkt. Tatsächlich habe ich ihn überhaupt erst einmal wirklich entdeckt. Und weißt du was? Es war nicht immer leicht, aber es war wundervoll und hat sich überhaupt nicht wie Arbeit angefühlt. Und jetzt fühle ich mich viel wohler in mir und in meinem Leben. Als könnte ich schon die ersten Früchte ernten. Das ist total schön. Dabei habe ich immer nur den Augenblick gelebt und angenommen, was er mir angeboten hat. Ich war völlig offen, das zu erleben, was sich mir zeigen würde.«

Die Igelin ließ Trix die Zeit, diese neue Sicht der Dinge auf sich wirken zu lassen. Gütig betrachtete sie den jungen Raben, der jetzt ganz still geworden war.

Schließlich sagte sie leise: »Auch für mich ist es so. Wenn ich meinen inneren Garten pflege, dann bin ich gegenwärtig und erfüllt. Dann darf ich bereits ernten. Jeden Moment.«

»Ja«, rief Trix mit einem neuen Schwung von Begeisterung. »Dann kann ich jeden Tag, jeden Moment voll erleben und dabei sogar noch ein bisschen was tun, damit die Zukunft schöne Früchte für mich bereithält. Dann geht es mir jetzt gut – in diesem Jetzt, das mein Leben ausmacht – und zugleich tue ich mein Bestes für morgen, wie auch immer das aussehen mag.«

Trix wirkte erleichtert. »Ich danke dir, liebe Igelin. Bitte grüß mir deinen Freund, der mich zu dir geschickt hat.«

Sie verabschiedeten sich herzlich. Die Igelin vergrub sich wieder in einem kuscheligen Laubhaufen, um noch etwas Winterruhe zu halten. Trix hingegen setzte sich noch ein wenig auf einen der Walnussbäume, um den Frieden dieses Ortes zu genießen. Er genoss den Moment, mit jeder Faser seines Seins.

Dann erhob er sich in die Luft und flog noch einige Kreise auf dieser Schwelle zwischen der eckigen und der grünen Welt. So reich war sein Leben, so viele Geschenke waren ihm in dieser zehnten Rauhnacht bewusst geworden. Er würde noch lange davon zehren können.

# Die Dankbarkeit der elften Rauhnacht

»Ich habe furchtbar schlechte Laune!«

Die Worte des Wildschweins klangen richtiggehend wie eine Drohung. Das stattliche Tier war an Trix, der auf seiner Schaukel saß, vorbeigestürmt, hatte in einigen Metern Entfernung haltgemacht, sich besonnen, war zurückgekommen und hatte seinen Satz gesagt.

Und jetzt wiederholte es ihn, nicht weniger finster: »Ich habe furchtbar schlechte Laune!«

»Und warum sagst du mir das?«, entgegnete Trix. Allerdings nur in Gedanken, denn das Wildschwein flößte ihm aufgrund seiner Größe und seiner mächtigen Gestalt ordentlich Respekt ein. Laut sagte Trix daher gar nichts, sondern schaute nur.

Das Wildschwein blieb nahe bei ihm stehen und schaute zurück. »Wirklich furchtbar schlecht ist meine Laune!«, brummte es noch einmal.

»Dennoch siehst du gut aus«, hörte sich Trix kurz darauf sagen. »Wirklich eindrucksvoll und stark.«

»Tatsächlich?« Die Miene des Wildschweins hellte sich ein wenig auf. »Danke für das Kompliment.«

»Sehr gern«, sagte Trix und freute sich, welche Wende diese Begegnung so plötzlich nahm. »Was hat dir die Laune denn verhagelt?«

»Ach, was weiß ich! Es gibt halt so Tage«, brummte das Wildschwein und blickte schon wieder ganz düster drein.

Trix war noch begeistert davon, dass sich vorhin mit einer einzigen Bemerkung von ihm die Stimmung des Wildschweins ein wenig verbessert hatte. Fast schon übermütig versuchte er es deswegen noch einmal und sagte: »Liebes Wildschwein, schau doch mal, was es mit deinem inneren Garten macht, wenn du eine solche Stimmung hast.«

Das Wildschwein hörte auf zu brummeln und verharrte für einige Augenblicke regungslos. Es suchte wohl den inneren Garten, den Garten seines Lebens.

Trix wartete gespannt, bis es schließlich noch immer griesgrämig meinte: »Da sind lauter Zäune, und das gefällt mir nicht! Aber«, schob es schon etwas versöhnlicher hinterher, »danke für den Hinweis.«

»Gern geschehen«, sagte Trix und fing an zu plaudern. »Wenn ich guter Stimmung bin, ist mein innerer Garten voller Blüten und Früchte und fröhlicher Insekten.«

»Na«, warf das Wildschwein ein, »mit Blüten kann ich wenig anfangen. Aber einen gesunden Waldboden, in dem ich nach Eicheln graben kann, den lass ich mir als inneren Garten gefallen.«

Es schien jetzt genau diesen Waldboden in seinem Inneren gefunden zu haben, denn plötzlich lächelte es. »Ich bin dir sehr dankbar, Rabe. Und wenn ich diese Dankbarkeit spüre, dann regnet es von allen Bäumen weitere Eicheln herunter. Und die Zäune, die trample ich im

Vorbeigehen nieder. Das ist ein Leichtes für mich. Schon ist es so, als hätte es sie nie gegeben.«

»Eine klasse Entdeckung!« Trix freute sich mit dem Wildschwein. »Es stimmt wirklich: Ich spüre Dankbarkeit dafür, dass ich dir ein wenig helfen konnte und dass du jetzt in einer besseren Stimmung mit mir sprichst. Und wenn ich diese Dankbarkeit spüre, dann gehen in meinem inneren Garten noch mehr Blüten auf, und die roten Beeren an den Sträuchern leuchten nur so in der Sonne. Nicht schlecht, diese Dankbarkeit.«

»Ja, tatsächlich«, setzte das Wildschwein das gemeinsame Philosophieren fort. »Ich dachte immer, Danke sage ich zu anderen. Aber den wirklichen Gewinn, den habe ich selbst. Damit lässt sich leben.«

»Ich danke dir, Wildschwein«, sagte Trix. »Ohne dich wäre ich nie darauf gekommen, wie schön sich Dankbarkeit anfühlt – und vor allem: dass es so viel gibt, wofür ich dankbar sein kann.«

»Für diese Erkenntnis danke ich wiederum dir«, sagte das Wildschwein, bemüht, seiner Stimme ein wenig Flötenklang zu verleihen.

»Oh, vielen Dank für deinen Dank, liebes Wildschwein«, sagte Trix mit einer koketten Verbeugung.

Das Wildschwein verbeugte sich seinerseits und beide lachten. Sie verabschiedeten sich schließlich und Trix fielen immer wieder neue Dinge ein, die seine Dankbarkeit verstärkten. All die Begegnungen hier, die Bäume, die ihm ein Zuhause und Nahrung boten, die guten Gespräche und Erkenntnisse, die Freunde, von denen er wusste, dass sie sich auf seine Heimkehr freuten … Ja, mit ein klein wenig Überwindung, sogar die eckige Welt. Hatte sie ihn doch gezwungen, sich auf die Suche zu machen nach dem, was für ihn wirklich zählt. Ohne den Lärm und den Gestank, ohne den Schmerz angesichts der gefällten Bäume und der eckigen Veränderungen seiner Lebenswelt hätte er sich nie auf den Weg gemacht. So war er auch sich selbst dankbar – für den Mut, sich auf den Weg gemacht zu haben, zu sich selbst, zu seiner wahren Stärke und zu den Geheimnissen des Lebens.

Von Herzen dankte er Tom, der vom nervigen Angeber zu einem coolen Freund geworden war. Er dankte Trine, durch die er erfahren durfte, wie sich Schmetterlinge im Bauch anfühlen, ein Kloß im Hals und ein heiß hüpfendes Herz. Selbst Trubi gegenüber empfand er Dankbarkeit, seinem Sticheln und Streiten, das ihm offenbar den Tritt versetzt hatte, den er brauchte, um zu wachsen. Wie freute sich Trix, diese drei und die anderen aus seiner Gruppe bald wiederzusehen!

Die Dankbarkeit ließ sein Herz immer weiter werden. Manchmal schien es fast zu bersten, doch zugleich fühlte es sich so gut an!

Während er seine Stimmung genoss, hörte er plötzlich ein paar Äste über sich einen Gesang. Melancholisch klang er, in Moll. Wunderschön, aber doch etwas traurig. Mit seinen Augen erspähte Trix schließlich einen kleinen Vogel.

»Hallo, Rotkehlchen!«, rief Trix vorsichtig hinauf. »Du singst schön. Ich kenne diese Traurigkeit auch.«

Das Rotkehlchen hielt inne und zwitscherte dann zurück: »Vielen Dank für deine Worte. Wenn du traurig bist, dann empfehle ich dir, mit diesem Gefühl zu singen. Das ist sehr schön. Wenn du sie singst, tut die Traurigkeit nicht weh, sie wird einfach zu ein paar Noten, die zum Leben gehören.«

Trix staunte, ja, er kam aus dem Staunen überhaupt nicht mehr heraus. In jedem Gespräch weitete sich sein Herz voller Dankbarkeit. Und je mehr davon in ihm war, umso mehr wurde es.

»Ich weiß nicht«, entgegnete er dem Rotkehlchen, »ob ich ein so guter Sänger bin. Im Moment macht es mich glücklich, deinem Gesang zu lauschen. Vielen Dank dafür.«

»Oh, ich habe zu danken«, sagte das Vögelchen und vertiefte sich wieder in seine Melodie.

Trix hörte noch ein wenig zu, dann sprang er von der Schaukel hinab. Dabei sah er noch, wie der Fuchs seiner Wege ging. Hatte er etwa wieder hinter ihm gesessen?!

Trix überlegte kurz, ob er ihm nachrufen sollte. Doch dann ließ er es und schickte ihm einfach einen stillen Dank hinterher. Einen Dank für ihre Begegnung, die ihm den Wert der Neugierde bewusst gemacht hatte. Wieder hüpfte sein Herz, und er wünschte dem klugen Jäger in seinem rötlichen Pelz alles Gute.

Nun setzte sich Trix nieder, um seine Erfahrungen der letzten beiden Rauhnächte zusammenzufassen und für die Rabin zu formulieren.

»In der zehnten Rauhnacht durfte ich bemerken, welch große Kraft in der Gegenwärtigkeit liegt. Ganz eingetaucht in die Gegenwart kann ich zugleich Sorge für das Morgen tragen und meinen inneren Garten pflegen. In den Rauhnächten habe ich damit begonnen – und schon so viel Erkenntnis und neue Zuversicht, so viel Klarheit und ein viel weiteres Herz gewinnen dürfen. In der elften Rauhnacht wurde mein Lebensgarten dann noch reicher und schöner, weil mir bewusst wurde, welchen großen Wert die Dankbarkeit hat. Sie macht einfach glücklich. Sie zu empfinden und sie weiterzuverschenken. Und zu bemerken, für wie viel ich dankbar sein kann. Nicht zuletzt für all das, was ich bewältigt habe. Und für dich, liebe weise Rabin, weil du mich gefunden und mit den Rauhnächten und ihrem Zauber bekannt gemacht hast. Danke!«

# Die Weisheit der zwölften Rauhnacht

Am späten Abend der zwölften und letzten Rauhnacht saß Trix hoch oben auf einem Baum am Waldrand, der schon oft sein Ruheplatz gewesen war, wenn er über etwas nachdenken wollte. Hier in diesem Fleckchen Wald hatte er sich ganz am Anfang der Rauhnächte noch einmal Klarheit darüber verschafft, mit welcher Absicht er in diese magische Zeit hineingehen wollte. Lange war es her – und doch schien es ihm, als wäre gar keine Zeit vergangen, jetzt, wo er wieder hier saß und wusste, dass die Rauhnächte in wenigen Stunden zu Ende gehen und sich die Tore zwischen den Welten wieder schließen würden.

Den ganzen Tag über war er umhergestreift, um erneut verschiedene Orte aufzusuchen, die ihm in den letzten Tagen etwas offenbart hatten. So war er auch noch einmal auf der großen Wiese gewesen, hatte der Buche, dem Tümpel und dem Uhu einen Besuch abgestattet, hatte auf der großen Weite der Wiese in den Himmel geschaut und sich an die vielen Tausend Sterne erinnert, die auch jetzt dort waren, selbst wenn er sie nicht sehen konnte. Er war im Wald umhergezogen und hatte sich an der Stille erfreut.

Ein wenig melancholisch war ihm zumute, als es nun dunkel war und der Mond leuchtend hell und beinahe vollkommen rund am Horizont aufging. Eine reiche Zeit war es gewesen, eine Zeit des Wachsens und des Heilens.

Trix seufzte. Würde bald alles vorbei sein? Der Zauber? Die Magie? Der Austausch mit all den unterschiedlichen Wesen? Wäre all das, was ihn hier so erfüllt hatte, dann unerreichbar?

Sein Blick fiel auf den großen orangegelben Mond, der mittlerweile schon ein ganzes Stück den Himmel hinaufgeklettert war. Als Trix zur Wintersonnenwende in den Wald geflüchtet war, zeigte sich der Mond nur als eine schmale Sichel. Und jetzt? Jetzt war er groß und leuchtend. Ein bisschen wie er selbst. Zu Beginn seiner Zeit hier war er trostlos und traurig gewesen, ein Schatten seiner selbst. Jetzt hingegen fühlte auch er sich irgendwie rund und stark. Ein bisschen Wehmut tat dem keinen Abbruch.

Doch würde es so bleiben? Würde er auch ohne den besonderen Zauber der Rauhnächte seine Stärke bewahren können? Oder würde er alles wieder verlieren, was ihn jetzt so reich machte?

»Verlieren, gewinnen, bleiben, vergehen«, dröhnte da eine mächtige und doch zugleich sanfte Stimme.

Woher kam sie?

Trix schaute sich um.

Nicht möglich!

Es war die Stimme des Mondes, tatsächlich! Und er sprach auch gleich weiter: »Du kannst nichts gewinnen. Und du kannst auch nichts verlieren. Die Flüsse fließen, und die Dinge kommen und gehen.«

Erstaunt hatte Trix zugehört, und da fiel es ihm wie Schuppen von den Augen: Der Mond war mal schmal und scheinbar schwach und dann wieder rund und leuchtend stark. Nichts davon würde jemals bleiben und doch würde es immer wiederkehren. Der Mond war der Wandel, sichtbar als Erinnerung für die Wesen der Erde über den Himmel wandernd.

»Du zeigst mir den Wandel«, rief Trix hinauf, »und zugleich bist du die große Konstante. Wo auch immer ich bin, dich kann ich am Himmel sehen. Ob ich jung bin oder alt, in der eckigen Welt oder hier draußen, ob ich traurig bin oder begeistert, du bist da. Ist das nicht schön?«

»Ich freue mich, dass du es so siehst.« Der Mond schien zu lächeln. Sein rundes Gesicht war zugleich uralt und doch auch ganz jung. Ehrwürdig und verspielt. Immer aber empfand Trix es als tröstlich.

Und als weise.

»In dir selbst wohnt alle Weisheit«, sagte in diesem Augenblick der Mond. »Wie sonst könntest du sie in anderen erkennen?«

Unwillkürlich fühlte sich Trix an die Regenbogenschlange erinnert und daran, was ihn seine Begegnung mit ihr über die Intuition gelehrt hatte. Wenn er dieser Stimme in sich selbst lauschte, wenn er ihr folgte, dann konnte er sich auch als junger Rabe tatsächlich als weise erleben. Als verbunden mit den Kräften, den Farben des Lebens. Und als unermüdlicher Schüler des Universums und der Zyklen des Seins.

Trix wurde ein wenig schwindlig bei all diesen großen und großartigen Gedanken.

»Immer mit der Ruhe«, sagte der Mond. »Mal wird es dir gelingen und dann wieder nicht. Mal wirst du weise sein und dann wieder töricht. Die wahre Weisheit liegt darin, alles als Teil des Lebens anzunehmen.«

»Das klingt gut«, bestätigte Trix erleichtert. »Und es tut sehr gut zu wissen, dass du, Mond, dort oben bist. Dich sehe ich von allen Welten aus. So kannst du mir eine Brücke sein, wenn ich mich in der einen Welt vielleicht einmal nach der anderen sehne.«

»Diese Brücke bin ich gern für dich. Ich bin sie für sehr, sehr viele Wesen auf der Erde. Es ist mir eine Freude. Und zugleich weißt du hoffentlich auch, dass du jederzeit die Welten wechseln kannst.«

»Aber heute um Mitternacht schließen sich doch die Tore zwischen den Welten, wenn die Rauhnächte zu Ende gehen!« Trix Stimme klang ein wenig unsicher.

»Das mag sein«, entgegnete der Mond. »Doch für diejenigen, die gelernt haben, zwischen den Welten zu wandern, bleibt die Tür immer einen Spalt weit offen. Jederzeit.«

In diesem Moment fiel Trix seine Begegnung mit der grünen Drachin wieder ein. Über ewig Gestrige und Heutige hatten sie gesprochen – und das klang doch ganz ähnlich wie das, was ihm der Mond hier sagte. Alles, was es je gegeben hat, existierte weiterhin. In jeder Zeit und an jedem Ort konnte er sich als Trix niederlassen. Überall konnte er zu Hause sein. Ein Weltenwanderer. Ausgestattet mit feinen Antennen für die unterschiedlichsten Schwingungen. Und befreundet und vergemeinschaftet mit Wesen und Kräften aus vielfältigen Welten.

Sie schwiegen noch eine Zeit lang, und Trix fühlte sich sehr geborgen in der Weite dieser Nacht, im Lichtschein des Mondes. In ihm pulsierte ein tiefes Einverständnis mit diesem Moment, mit diesem Leben.

Etwas später flog er noch einmal hinaus auf die Wiese. Wie ganz am Anfang seiner magischen Rauhnächte-Reise breitete er die Flügel aus und spürte die Weite und Stille des unermesslichen Kosmos über sich. Das Licht des Mondes ließ seine Federn silbern schimmern.

Während er sich ganz, ganz langsam um die eigene Achse drehte, fühlte er sich aufs Liebevollste umgeben von all den Wesen, mit denen er während der letzten zwölf Tage und Nächte Bekanntschaft gemacht hatte – von all diesen Freunden und Freundinnen, die ihn jeweils mit einer Erkenntnis beschenkt hatten, mit einem Wohlgefühl oder einer anderen Gabe für seinen Lebensweg.

Da waren die vielen Bäume, die ihm Geborgenheit und Halt gegeben hatten. Er meinte den Uhu zu erkennen, mit dem er die Reife hatte entwickeln dürfen, die aufgewühlten Energien in seinem Inneren zu erkennen und anzuerkennen. Die Drachin, die ihm die Klarheit darüber geschenkt hatte, dass nichts verloren geht in Zeit und Raum. Der Fuchs, durch den seine Neugierde erwacht war und damit auch sein Gespür für die richtige Würze im Leben.

Wie einen Hauch nur meinte Trix auch den Seelenvogel noch einmal vor sich zu sehen, der ihm die Grenzenlosigkeit der Wunder auf dieser Erde offenbart hatte. Das Springerpferdchen war da, das ihn mit dem Wert von Klugheit, Überblick und der strategischen Kraft der Gedanken vertraut gemacht hatte. Das Eichhörnchen, mit dessen Hilfe Trix seine kindlich spielerische Freude und quirlige Lebendigkeit neu entdeckt hatte. Und auch Tom hatte sich eingereiht in diesen sphärischen Traum – Tom, durch den Trix die Freundschaft tiefer zu schätzen gelernt hatte und die Fruchtbarkeit eines ehrlichen Austauschs zwischen unterschiedlichen Charakteren.

Der Reigen seiner Freunde, Berater und Lehrer war damit noch immer nicht am Ende. Auch die Regenbogenschlange zeigte sich und erinnerte Trix an die Kraft seines Bauchgefühls. Igel und Igelin waren erschienen und ließen in Trix die Freude an Geborgenheit und Gemeinschaft neu aufflammen. Und auch das Wildschwein ließ sich sehen – mit ihm verband Trix sein wachsendes Einverständnis mit dem Leben in seinem ewigen Wandel.

All die Wesen umstanden ihn, so schien es ihm zumindest, auf der vom Mond beschienenen Wiese. Ein großer Kreis von Wohlgefühl und Unterstützung. So viele Facetten von Weisheit! Trix fühlte sich unendlich reich beschenkt.

Spät in der Nacht schließlich flog er zurück in den Wald zur Schaukel. Still saß er dort und ließ all die Erinnerungen in sich auftauchen und wieder herabsinken, die jetzt eben noch einmal wahrgenommen werden wollten.

Dann verfasste er einen letzten Brief an die Rabin: »Liebe Rabin, lange habe ich nachgedacht, was ich als die Essenz meiner zwölften Rauhnacht notieren könnte. Ich könnte so viele Erkenntnisse niederschreiben oder doch nur einen einzigen Satz: Ich weiß eigentlich gar nichts. Da sind Zyklen, da ist Fülle und Leere, Wissen und Irren, Lachen und Weinen. Und ich mittendrin. Und mal ist es leicht und froh und dann wieder schwierig und zäh. Und in meinem Herzen hat all das Platz. Danke.«

Trix verstaute diesen letzten Brief und flog auf genau den Ast, auf dem er vor so vielen und doch so wenigen Tagen zum ersten Mal die Rabin erblickt hatte. Still saß er dann dort, wissend, dass er ein anderer geworden war in diesen Rauhnächten.

Oder stimmte das gar nicht? War er der Gleiche und hatte doch nur ein bisschen mehr von dem erkannt, was ihn ausmachte?

Es kümmerte ihn nicht. Er saß auf seinem Ast und spürte das Leben in sich und um sich herum. Das unermessliche Netz der Lebendigkeit. Und in seinem Herzen hatte sich ein Stückchen Weisheit häuslich niedergelassen.

# Der Segen
# des 6. Januar

Um Mitternacht läuteten die Glocken vom Dorf irgendwo hinter der großen Wiese. Langsam schlossen sich die Tore zwischen den Welten wieder, die Rauhnächte waren vorüber. Die ganz normale Welt, das ganz normale Leben nahm wieder seinen Lauf. Doch noch nicht ganz! Denn erst einmal galt es, an diesem 6. Januar den Beginn eines neuen Jahres zu feiern.

Trix saß still auf seinem Ast und versuchte zu erspüren, ob jetzt irgendetwas ganz anders war. Doch er merkte nur, dass er sich gut fühlte. Sehr gut sogar.

Reich und erfüllt, dankbar und neugierig auf alles Kommende.

Er hörte ein leises Knarzen und öffnete erwartungsfroh die Augen. Und tatsächlich sah er, was er zu sehen gehofft hatte: Auf ihrer Schaukel hockte, ganz zufrieden vor- und zurückschwingend, die alte Rabin.

»Hallo, Rabin«, grüßte Trix freudig erregt und flog ein paar Äste weiter hinunter, um noch näher bei ihr sein zu können. »Ich grüße dich ganz herzlich. Wie schön, dich wiederzusehen!«

»Ich grüße dich, Trix.« Die Rabin lächelte ihn an. »Die Freude ist ganz meinerseits.«

Sie schauten einander an und blieben eine ganze Weile still. Trix hatte sich so sehr auf dieses Wiedersehen gefreut, er hatte seiner alten weisen Ratgeberin so viel erzählen wollen – doch nun, als er sie vor sich sah, fand er keine Worte. Und er spürte, dass es auch keine Worte brauchte. Ein tiefes Verständnis blickte ihm aus den Augen der alten Rabin entgegen. Er musste ihr nichts erklären, nichts berichten.

»Danke«, sagte er einfach nach einer ganzen Zeit des Schweigens. »Ich danke dir von Herzen, liebe Rabin. Diese Rauhnächte haben wirklich ein Wunder vollbracht. Ich bin nicht mehr der Gleiche und bin jetzt wirklich ich selbst. So fühlt es sich an.«

»Du lieber Trix, ich kann dir gar nicht sagen, wie sehr mich das freut.« Voller Wärme und Liebe sprach die Rabin.

Und sie fragte nach einer weiteren Zeit der Stille, die beide sehr genossen: »Was willst du jetzt tun?«

Mit wacher Lebendigkeit begann Trix zu erzählen: »Ich werde zuerst in die Stadt fliegen. Ich freue mich so sehr, Trine wiederzusehen!« Man konnte ihm tatsächlich ansehen, wie sehr sein Herz beim Gedanken an seine Liebste hüpfte.

»Ich freue mich auch auf Tom und auf die anderen. Sogar auf Trubi. Und ich verspüre große Lust, die Stadt wirklich kennenzulernen. Ihre runden Seiten zu entdecken und auch das Eckige zu betrachten. Vielleicht kann ich damit gut sein. Oder ich selbst kann es ein wenig runden. Wer weiß?«

Die Rabin hörte ihm aufmerksam zu, und so sprach Trix weiter: »Ob ich immer dortbleiben werde, das weiß ich nicht. Wahrscheinlich werde ich auch oft hier draußen im Wald sein. Und ich möchte Trine unbedingt ein kleines Fleckchen Erde vorstellen, auf dem inmitten von ein paar Gärten einige Igel wohnen und es wunderschöne Walnussbäume gibt. Bestimmt wird sie sich freuen, mit mir dort zu sein.«

Trix lächelte selig, und die Rabin nickte ihm gütig zu.

»Ich habe so viele Möglichkeiten«, rief Trix begeistert. »Ich bin mit so vielem verbunden – mit so vielen Freunden und Begleitern, so vielen Welten. Wenn, ja, wenn ich bei mir selbst bin, mit mir verbunden. Mit mir beginnt es. Immer mit mir.«

Trix machte eine Pause und sagte dann mit einer feierlichen Ernsthaftigkeit: »Ich spüre tatsächlich die Leichtigkeit, nach der ich mich bei unserer ersten Begegnung so schmerzlich gesehnt habe. Sie ist da!«

Als hätten sie es verabredet, schwangen sich beide Rabenvögel zeitgleich auf den Waldboden neben dem großen Stein hinab, der während der Rauhnächte Trix' Briefe geborgen hatte.

»Du lieber Trix«, wiederholte die Rabin nun direkt vor ihm stehend, »ich kann dir gar nicht sagen, wie sehr mich das alles freut. Ich freue mich von Herzen über den Reichtum, den du für dich entdecken durftest. Ich freue mich, dass du deinen Weg gehst. Du hast so große Schritte in diesen Rauhnächten vollbracht. Du bist mit allem gegangen, was du mitgebracht hattest und was dir neu begegnet ist – ob es deine Gefühle und Gedanken waren oder die Wesen, die sich dir hier gezeigt haben. Überall hast du dazugelernt. Du hast Berge erklommen und Täler gemeistert. Du hast Erfahrungen gemacht, hast Altes losgelassen und Neues in dein wundervolles Wesen integriert. Erste Samen von Weisheit sind in dir aufgegangen.

Ich sehe in dir dieses stetige Feuer lodern, das dich immer tiefer hinein in die kostbaren Mysterien des Seins führen wird. Ich sehe in dir dieses Streben, das dir, wenn es sich eines Tages erfüllt hat, den tiefsten Frieden schenken wird, von dem du ebenfalls bereits gekostet hast.

Diese innere Ruhe, wie sie nur aus der Verbundenheit mit Mutter Natur und mit dem Göttlichen erwachsen kann.«

Trix war tief berührt von ihren Worten. Aufrecht und stolz, mit einem weit geöffneten Herzen saß er da. Sie schauten einander an, und die alte Rabin gab Trix ihren Segen. Sachte, fast unmerklich neigte er seinen Kopf, und ihre Flügelspitzen berührten ihn sanft am Scheitel. Ein Strom warmer, ungeheuer zärtlicher und nährender Energie durchflutete Trix. Der Segen berührte sein Herz, das vor dankbarer Freude vibrierte. Er fühlte sich gestärkt und geliebt, anerkannt und befähigt. Befähigt, seinen Weg weiter und immer weiter zu gehen. Voller Vertrauen ins Leben, in sich selbst und in dieses unermessliche Netzwerk aus lebendiger Verbundenheit, das er während dieser Rauhnächte entdecken und bereits mitgestalten durfte.

Als sich die beiden schließlich verabschiedeten und Trix sich bereit machte, zurück zu den Seinen zu fliegen, lag das Lächeln eines glücklichen Raben auf seinem Gesicht. Eines Raben, der sein Zuhause in sich selbst gefunden hatte.

# Zu den Autorinnen

**Vera Griebert-Schröder** arbeitet seit über 30 Jahren als Heilpraktikerin, Therapeutin, Beraterin und Autorin. Ihr Wissen über den traditionellen Schamanismus und die humanistische Psychologie fließt in ihrer Arbeit harmonisch zusammen, um sie in unsere westliche Gedanken- und Gefühlswelt zu bringen. Mit ihrer Arbeit möchte sie einen Beitrag für ein erweitertes Bewusstsein leisten, für eine neue Kultur des lebendigen Miteinanders und der Verbundenheit mit einem größeren Ganzen. Dafür bietet sie Orte der Begegnung, Seminare und Trainings – auch online – an.
www.innenwege.de

**Franziska Muri** ist Autorin, Lektorin und Coach für The Work of Byron Katie (vtw). Beruflich wie privat sind ihre Themen ganzheitliche Heilung und Spiritualität. Bücher: *Alles, was mich glücklich macht, 21 Gründe, das Alleinsein zu lieben* und *Glücklich mit mir.*
www.franziskamuri.de

### Weitere gemeinsame Veröffentlichungen:

- Vom Zauber der Rauhnächte
- Die Rauhnächte als Quelle der Ruhe und Kraft (auch als CD)
- Meine allerschönsten Rauhnächte
- Mein Begleiter durch die Jahreszeiten
- Rauhnächte-Orakel
- Deine Liebe zum Leben. Segensreiche Impulse für die Entfaltung der neuen Erde

# Zur Bildkünstlerin

Ingrid Pape, freischaffende Künstlerin aus Berglen, setzt sich in ihrer Malerei seit vielen Jahren mit den unterschiedlichsten Themen des Lebens auseinander. Mit ihrer Kunst will sie Menschen berühren und auf neue Bewusstseins- und Wahrnehmungsebenen entführen. Ihre unverwechselbare künstlerische Ausdrucksform bringt sie als Aquarell und Ölgemälde in allen Größen zum Leuchten, aber auch auf Keramik (beispielsweise Fliesen) oder Porzellan für den täglichen Gebrauch.

»Malerei ist wie eine lebhaft nuancierte Musik, voller Magie, die unsere Seele aufblühen lässt.«

www.pape-kunst.de

# Mehr Bücher von Vera Griebert-Schröder und Franziska Muri

ISBN: 978-3-424-15263-0

VERA GRIEBERT-SCHRÖDER
FRANZISKA MURI

## Die Rauhnächte als Quelle der Ruhe und Kraft

Der praktische Begleiter für
mehr Energie im neuen Jahr

IRISIANA

ISBN: 978-3-424-15173-2

VERA GRIEBERT-SCHRÖDER
FRANZISKA MURI

## Vom Zauber der Rauhnächte

Weissagungen, Bräuche und Rituale
für die Zeit zwischen den Jahren

IRISIANA

ISBN: 978-3-424-15264-7

Vera Griebert-Schröder
Franziska Muri

## Die Rauhnächte als Quelle der Ruhe und Kraft

Zwölf Phantasiereisen für mehr Energie im neuen Jahr

Gesprochen von Sabine Bundschu

IRISIANA

IRISIANA

# Mehr Bücher von Vera Griebert-Schröder und Franziska Muri